JN113419

新課程対応版

高卒認定
ワークブック
英　語

編集：J-出版編集部　　制作：J-Web School

出版

もくじ

第3章　実戦編

高卒認定試験の概要

高等学校卒業程度認定試験とは?

高等学校卒業程度認定試験(以下、「高卒認定試験」といいます)は、高等学校を卒業していないなどのために、大学や専門学校などの受験資格がない方に対して、高等学校卒業者と同等以上の学力があるかどうかを認定する試験です。合格者には大学・短大・専門学校などの受験資格が与えられるだけでなく、高等学校卒業者と同等以上の学力がある者として認定され、就職や転職、資格試験などに広く活用することができます。なお、受験資格があるのは、大学入学資格がなく、受験年度末の3月31日までに満16歳以上になる方です(現在、高等学校等に在籍している方も受験可能です)。

試験日

高卒認定試験は、例年8月と11月の年2回実施されます。第1回試験は8月初旬に、第2回試験は11月初旬に行われています。この場合、受験案内の配布開始は、第1回試験については4月頃、第2回試験については7月頃となっています。

試験科目と合格要件

高卒認定試験に合格するには、各教科の必修の科目に合格し、合格要件を満たす必要があります。合格に必要な科目数は、「理科」の科目選択のしかたによって8科目あるいは9科目となります。

教　科	試験科目	科目数	合格要件
国語	国語	1	必修
地理歴史	地理	1	必修
	歴史	1	必修
公民	公共	1	必修
数学	数学	1	必修
理科	科学と人間生活 物理基礎 化学基礎 生物基礎 地学基礎	2 または 3	以下の①、②のいずれかが必修 ① 「科学と人間生活」の1科目および「基礎」を付した科目のうち1科目(合計2科目) ② 「基礎」を付した科目のうち3科目(合計3科目)
外国語	英語	1	必修

※このページの内容は、令和5年度の受験案内を基に作成しています。最新の情報については、受験年度の受験案内または文部科学省のホームページを確認してください。

本書の特長と使い方

　本書は、高卒認定試験合格のために必要な学習内容をまとめた参考書兼問題集です。高卒認定試験の合格ラインは、いずれの試験科目も 40 点程度とされています。本書では、この合格ラインを突破するために、「重要事項」「基礎問題」「レベルアップ問題」というかたちで段階的な学習方式を採用し、効率的に学習内容を身に付けられるようにつくられています。以下の 3 つの項目の説明を読み、また次のページの「学習のポイント」にも目を通したうえで学習をはじめてください。

重要事項

　高卒認定試験の試験範囲および過去の試験の出題内容と出題傾向に基づいて、合格のために必要とされる学習内容を単元別に整理してまとめています。まずは、ここで基本的な内容を学習（確認・整理・理解・記憶）しましょう。その後は、「基礎問題」や「レベルアップ問題」で問題演習に取り組んだり、のちのちに過去問演習にチャレンジしたりしたあとの復習や疑問の解決に活用してください。

基礎問題

　「重要事項」の内容を理解あるいは暗記できているかどうかを確認するための問題です。この「基礎問題」で問われるのは、各単元の学習内容のなかでまず押さえておきたい基本的な内容ですので、できるだけ全問正解をめざしましょう。「基礎問題」の解答は、「レベルアップ問題」の次のページに掲載しています（第 3 章の解答・解説については問題の最終ページの次のページから掲載）。「基礎問題」でわからない問題や間違えてしまった問題があれば、必ず「重要事項」に戻って確認するようにしてください。

レベルアップ問題

　「基礎問題」よりも難易度の高い、実戦力を養うための問題です。ここでは高卒認定試験で実際に出題された過去問、過去問を一部改題した問題、あるいは過去問の類似問題を出題しています。また、「重要事項」には載っていない知識の補充を目的とした出題も一部含まれます。「レベルアップ問題」の解答・解説については、問題の最終ページの次のページから掲載しています。

表記について 〈高認 R. 1-2〉＝ 令和元年度第 2 回試験で出題

〈高認 H. 30-1 改〉＝ 平成 30 年度第 1 回試験で出題された問題を改題

◆ ＝ 問題の解説

◇ ＝ 語句やその用法、訳し方のコツなどの説明

学習のポイント

▌本書の構成と学習の進め方

　本書は3章で構成されています。第1章の「基礎編」と第2章の「レベルアップ編」では、高卒認定試験の英文を読むうえで必要な文法事項を学びます。「基礎編」で学ぶのは、動詞の形を中心とした文法事項です。「レベルアップ編」で学ぶのは、英文が長く複雑になるしくみと構文に関する文法事項です。最後の第3章は「実戦編」と称して、高卒認定試験の「英語」の各大問の解き方を学びます。

〈これから英語の基礎知識を身に付ける方〉
① 第1章・第2章の「重要事項」「基礎問題」
② 第1章・第2章の「重要事項」「基礎問題」「レベルアップ問題」
③ 第3章の「重要事項」「基礎問題」「レベルアップ問題」

　これから基礎知識を身に付けるという方は、まず第1章と第2章の「重要事項」「基礎問題」をひととおり学びましょう。その次にその範囲をもう一度復習しつつ、各単元の「レベルアップ問題」に取り組み、最後に第3章を進めていきます。

〈すでに英語の基礎知識がある方〉
① 第3章の「重要事項」「基礎問題」「レベルアップ問題」
② 第1章・第2章の「重要事項」「基礎問題」「レベルアップ問題」

　すでに基礎知識があるという方は、最初から第3章に取り組み、各大問の解き方を学びましょう。その過程で必要に応じて、第1章と第2章に戻って文法事項の復習や苦手な単元の知識の補充・補強を行ってください。

▌英単語の学習について

　英単語については、例文に使われている単語は原則すべて覚えていきましょう。第1章と第2章には **Words & Phrases** という新出語句のコーナーを設けています。こちらも活用してください（各単元の学習に取り組む前に、このコーナーのみ先に目を通してから各単元の学習内容に入ると単語が定着しやすくなります）。ただし、高卒認定試験の英文を読むにはこれだけでは不十分ですので、高校受験用の単語帳、中学〜高校基礎レベルの単語帳、あるいは英単語アプリなどを利用して、必ず『ワークブック』の学習と並行して単語力を増強してください。

　なお、単語を覚える際には、単語帳付属の CD や音声ダウンロードを用いて、カタカナ的な発音でも構いませんので、できるだけ発音も覚えるようにしましょう。

第1章
基礎編

Lesson 1 英語の語順

英語の語順と日本語の語順は大きく異なります。英語ができるようになるコツは英語の語順に慣れることです。そのためには、語順を常に意識して英語を学ぶことです。この第1課で日本語の語順と英語の語順の違いを学んで、はじめの一歩を踏み出しましょう！

⚑ Hop｜重要事項

💡 英語の語順と日本語の語順の違い

　日本語と英語は異なる言語ですが、どのような違いがあるかと考えたことはありますか？　さまざまな違いがありますが、英語学習においてとくに重要になる日本語と英語の違いは**語順**です。語順が違うということは、**単語の並べ方が違う**ということです。

---

1 英語の語順は〈AはBする（＋詳細）〉という語順になっている。

【英語】	I	study	English .
	Aは	Bする	（＋詳細）
【逐語訳】	私は	勉強する	英語を

【日本語】　私は英語を勉強する。

　上の図のように、英語の語順は基本的に〈**AはBする（＋詳細）**〉という語順になっています。I study English. という英文を例として、英語を日本語に一語一語置き換えれば〈私は〉〈勉強する〉〈英語を〉となります。日本語として自然な語順に整えると「私は英語を勉強する」となります。

　短い英文を例にしましたので英語と日本語の語順の違いが見えにくいかもしれませんが、**英語は結論を述べてから詳細を伝える**語順になっているといえます。具体的には、英語ではまず I study ... と〈私は勉強する〉という結論を述べてから、... English. とことばを続けて〈英語を〉という詳細を伝えています。

　それに対して、**日本語は結論を先送りする**語順になっているといえます。「私は英語を……」というところまででは、勉強するのかしないのか結論はわかりません。ひょっとすると勉強するのではなく教えるのかもしれません。「私は英語を勉強する」と最後まで読むなり聞くなりしてはじめて結論がわかるのです。

これから、いろいろな文法事項をいっしょに学んでいきますが、常に**語順という視点**を忘れずに英語の学習に取り組んでください。最初は日本語との違いに戸惑うかもしれません。ただ、英語の語順はきわめて規則的ですので、意識を向けていればきっと慣れていくはずです。**英語の語順に慣れること。これが英語ができるようになる近道です。**

Step │ 基礎問題

英語の語順と日本語の語順の違いを意識しながら、次の英文を和訳しなさい。

1．I study English.　（　　　　　　　　　　　　　　　　　　　　）
2．I study French.　（　　　　　　　　　　　　　　　　　　　　）
3．I study German.　（　　　　　　　　　　　　　　　　　　　　）
4．We study Danish.　（　　　　　　　　　　　　　　　　　　　　）
5．We study Spanish.　（　　　　　　　　　　　　　　　　　　　　）
6．We study Italian.　（　　　　　　　　　　　　　　　　　　　　）

主語と述語動詞

> 2 〈Aは〉の部分を**主語**と呼ぶ。
> 3 〈Bする〉の部分を**述語動詞**と呼ぶ。

I	study	English
We	learn	French
You	teach	German
Aは	Bする	（＋詳細）

全体の語順を把握しましたら、次は部分ごとに見ていきましょう。まずは、〈Aは〉の部分です。この部分は**主語**と呼ばれます。この主語の位置には〈Bする〉の部分の**動作を行う主体**や〈Bする〉以降で述べられる**主題**に相当することばが置かれ、主語は基本的に「**～は（～が）**」と訳します。

Words & Phrases

□ I：私は　□ we：私たちは　□ study A：Aを勉強する　□ English：英語
□ French：フランス語　□ German：ドイツ語　□ Danish：デンマーク語
□ Spanish：スペイン語　□ Italian：イタリア語　□ you：あなたは
□ learn A：Aを学ぶ、習う　□ teach A：Aを教える
※ study A などの「A」（または「B」）の部分には名詞か代名詞が入る。

下の (a) ～ (c)の例文を見てください。

(a) I study English. （私は英語を勉強する）　　　　　　主語 ＝ I

(b) We learn French. （私たちはフランス語を学ぶ）　　　主語 ＝ we

(c) You teach German. （あなたはドイツ語を教える）　　主語 ＝ you

　(a) の例文では、study（勉強する）という動作を行う主体は I ですから I が主語です。(b) の例文では、learn（学ぶ）という動作を行う主体は we ですから we が主語です。(c) の例文では、teach（教える）という動作を行う主体は you ですから you が主語です。

　今ここでは、一つひとつ動作を行う主体は……というような確認をしましたが、〈Bする〉の部分の前に置かれる名詞や代名詞が主語だと、語順の点から理解しておいても構いません。なお、ヒト・モノ・コトの名前を表す単語のグループをまとめて名詞と呼び、名詞の代わりをする単語のグループをまとめて代名詞と呼びます。

　主語の位置に置かれるのは 1 語とは限りません。下の例文のように、主語の位置に 2 語以上で構成される語句が置かれることもあります。このような英文を読む場合には、どの単語が主語なのかを 1 語で答えられるようにしていきましょう。

My friends speak English. （私の友人たちは英語を話す）

My grandparents in London speak English. （ロンドンの私の祖父母は英語を話す）

Step ｜ 基礎問題

主語が変わると動作を行う主体が変わることをふまえて、次の英文を和訳しなさい。

7．I cook food every day.　　　（　　　　　　　　　　　　　　　　）

8．We cook food every day.　　（　　　　　　　　　　　　　　　　）

9．You cook food every day.　　（　　　　　　　　　　　　　　　　）

10．He cooks food every day.　　（　　　　　　　　　　　　　　　　）

11．She cooks food every day.　　（　　　　　　　　　　　　　　　　）

12．They cook food every day.　　（　　　　　　　　　　　　　　　　）

Words & Phrases

□ my：私の　□ friend：友達　□ speak A：Aを話す　□ grandparents：祖父母

□ in London：ロンドン（のなか）にいる　□ cook food：料理をする　□ every day：毎日

□ he：彼は　□ she：彼女は　□ they：彼らは、彼女らは、それらは

述語動詞の位置付け

　続いて、〈Bする〉の部分です。この部分は**述語動詞**と呼ばれます。単に動詞と呼ばれることもありますが、**文のなかで主語とペアになる動詞**をこのように述語動詞と呼びます。動詞は study, run, speak など**動作を表す単語**だけでなく、like, know, love など**状態を表す単語**も含みます。

　〈Bする〉にあたる**述語動詞は非常に重要な位置付けにあります**。その理由は、先ほどの図解の構図のうえで中心にあるからというわけではなく、**英文が表す意味を決定づけるのは述語動詞だから**です。このことは下のように述語動詞の部分だけ空欄にしてみるとよくわかります。

I		English.
We		Japanese.
You		Portuguese.
He		Russian.
She		Chinese.
They		Korean.

どうでしょうか？　これだけでは主語が行う動作をおよそ推測はできても、はっきりとこういう意味だとはわからないと思います。しかし、以下のようだったら、どうでしょうか？

(d) I 　study　 English.（私は英語を勉強する）

(e) We 　speak　 Japanese.（私たちは日本語を話す）

(f) You 　teach　 Portuguese.（あなたはポルトガル語を教える）

(g) He 　learns　 Russian.（彼はロシア語を学ぶ）

(h) She 　uses　 Chinese.（彼女は中国語を使う）

(i) They 　understand　 Korean.（彼らは韓国語を理解する）

Words & Phrases

□ run：走る　□ like A：Aを好む、Aが好きだ　□ know A：Aを知っている
□ love A：Aを愛する、愛している、Aが大好きだ　□ use A：Aを使う
□ understand A：Aを理解する　□ Japanese：日本語　□ Portuguese：ポルトガル語
□ Russian：ロシア語　□ Chinese：中国語　□ Korean：韓国語

このように、**述語動詞があってはじめて英文が表す全体の意味が明確になるのです。**こ
のことを裏から考えてみると、英文を読む際にこの述語動詞の部分の意味がわかれば、
英文全体の意味が理解しやすくなるといえるでしょう。

Step ｜ 基礎問題

述語動詞が変わると動作の内容が変わることをふまえて、次の英文を和訳しなさい。

13. They study English.　　　（　　　　　　　　　　　　　　　　　　　　）

14. They learn English.　　　（　　　　　　　　　　　　　　　　　　　　）

15. They speak English.　　　（　　　　　　　　　　　　　　　　　　　　）

16. They teach English.　　　（　　　　　　　　　　　　　　　　　　　　）

17. They use English.　　　　（　　　　　　　　　　　　　　　　　　　　）

18. They understand English.　（　　　　　　　　　　　　　　　　　　　　）

人称代名詞

　語順とのかかわりで人称代名詞についてもふれておきます。「人称代名詞とは何のこ
とだろうか……？」と思ったかもしれませんが、中学生のときに英語を習った際に下の
ような表を見た記憶はないでしょうか？

人称・数			主格 （〜は、が）	所有格 （〜の）	目的格 （〜を、に）	〜のもの	〜自身
1人称	単数	私	I	my	me	mine	myself
	複数	私たち	we	our	us	ours	ourselves
2人称	単数	あなた	you	your	you	yours	yourself
	複数	あなたたち	you	your	you	yours	yourselves
3人称	単数	彼	he	his	him	his	himself
		彼女	she	her	her	hers	herself
		それ	it	its	it	—	itself
	複数	彼ら	they	their	them	theirs	themselves
		彼女ら	they	their	them	theirs	themselves
		それら	they	their	them	theirs	themselves

　英語の部分の５列のうち、左側の３列が人称代名詞です。右側の２列は語形に共通しているところがあるので、いっしょに載せています。

　とくに気を付けたいのは意味（訳語）です。たとえば、**I は〈私〉、we は 〈私たち〉、he は〈彼〉、she は〈彼女〉という意味ではありません。**左から２列目の「主格」の列を見てください。「主格」とあるところの下に「（〜は、が）」と書いてあります。これは、**この縦の列にある単語の意味には「は」（あるいは「が」）という助詞が含まれる**ということを示しています。つまり、I は〈私<u>は</u>〉、we は〈私たち<u>は</u>〉、he は〈彼<u>は</u>〉、she は〈彼女<u>は</u>〉という意味です。「所有格」と「目的格」の列も同じように考えてください。

　「格」とは語形のことで、主格と所有格と目的格の３つの格があります。下に語順と意味の観点から説明をまとめていますが、格によってどの位置に置かれるのかが決まっていますから、とくに語順の点に注意してください。

格	語順	意味
主格	主語の語形、動詞の前に置かれる形	「〜は、〜が」という意味
所有格	名詞の前に置かれる形	「〜の」という意味
目的格	目的語の語形、動詞の後に置かれる形	基本的に「〜を、〜に」という意味

※目的格は、動詞の後のほかに前置詞（at, in, on など）の後にも置かれます。

　なお、主語が〈Bする〉の部分つまり**述語動詞の前**に置かれる名詞や代名詞を指すのに対して、目的語は〈Bする〉の部分つまり**述語動詞の後**に置かれる名詞や代名詞を指します（be 動詞や一部の動詞の後に置かれる名詞は補語と呼ばれます。この場合、主語と補語は＝［イコール］関係になります）。

　ここまでの内容をふまえて、左のページの表を見ながらで構いませんので、一つひとつ人称代名詞の位置と形と訳語を例文で確認してください。

　　(j) He is our teacher.（彼は私たちの先生だ）

　　(k) They are my books.（それらは私の本である）

　　(l) I love her.（私は彼女を愛している）

　人称代名詞はどれもこれも非常によく使われる単語です。数がすこし多く感じられるかもしれませんが、学習の初期段階でそれぞれの語形と訳語をすべて正確に覚えておくことをおすすめします。

Words & Phrases

□ teacher：先生、教師　　□ book：本

Jump｜レベルアップ問題

19 〜 21 は与えられた語句を適切な語順に並べかえ、22 〜 30 は英文を和訳しなさい。
※ Words & Phrases は p. 17 に掲載。

19.　〔 tea / drink / I 〕.（私は紅茶を飲む）

　　（　　　　　　　　　　　　　　　　　　　　　　　　　　　　　）

20.　〔 they / dinner / eat 〕.（彼らは夕食を食べる）

　　（　　　　　　　　　　　　　　　　　　　　　　　　　　　　　）

21.　〔 soccer / plays / my brother 〕.（私の兄はサッカーをする）

　　（　　　　　　　　　　　　　　　　　　　　　　　　　　　　　）

22.　My father reads a newspaper.

　　（　　　　　　　　　　　　　　　　　　　　　　　　　　　　　）

23.　My father reads a newspaper every morning.

　　（　　　　　　　　　　　　　　　　　　　　　　　　　　　　　）

24.　My mother makes breakfast.

　　（　　　　　　　　　　　　　　　　　　　　　　　　　　　　　）

25.　My mother makes breakfast every day.

　　（　　　　　　　　　　　　　　　　　　　　　　　　　　　　　）

26.　My sister cleans her room.

　　（　　　　　　　　　　　　　　　　　　　　　　　　　　　　　）

27.　My sister cleans her room every weekend.

　　（　　　　　　　　　　　　　　　　　　　　　　　　　　　　　）

28.　I have your ticket. 〈高認 R. 3-1 改〉

　　（　　　　　　　　　　　　　　　　　　　　　　　　　　　　　）

29.　I like action movies. 〈高認 R. 3-1〉

　　（　　　　　　　　　　　　　　　　　　　　　　　　　　　　　）

30.　Many people love it. 〈高認 R. 2-1〉

　　（　　　　　　　　　　　　　　　　　　　　　　　　　　　　　）

解答・解説

基礎問題

問1：私は英語を勉強する。

問2：私はフランス語を勉強する。

問3：私はドイツ語を勉強する。

問4：私たちはデンマーク語を勉強する。

問5：私たちはスペイン語を勉強する。

問6：私たちはイタリア語を勉強する。

問7：私は毎日料理をする。

問8：私たちは毎日料理をする。

問9：あなたは毎日料理をする。

問10：彼は毎日料理をする。

問11：彼女は毎日料理をする。

問12：彼ら［彼女ら］は毎日料理をする。

問13：彼ら［彼女ら］は英語を勉強する。

問14：彼ら［彼女ら］は英語を学ぶ。

問15：彼ら［彼女ら］は英語を話す。

問16：彼ら［彼女ら］は英語を教える。

問17：彼ら［彼女ら］は英語を使う。

問18：彼ら［彼女ら］は英語を理解する。

補足：英語における最も典型的な文

　第1課の基礎問題とレベルアップ問題では、〈AはBする（＋詳細）〉の〈（＋詳細）〉の位置に「〜を」と訳す名詞が置かれる、I study English.（私は英語を勉強する）のような文をしつこいほどに扱っています。もしかすると、こんな簡単なことに意味があるのかと感じた方もいるかもしれません。

　しかし、このような扱い方には理由があります。英語においては、**I study English.** **のように〈Aは〉〈Bする〉〈Cを〉（名詞・動詞・名詞）という構成（語順）の文が最も典型的で、最も安定的な文であると考えられているからなのです。**これは、要は英語の最も典型的な語順ですから、この型の文に慣れることは英語の語順に慣れることにつながります。簡単なこととあなどらないで、ここでこの語順と訳し方に慣れておいてください。

レベルアップ 問題

問 19：I drink tea.

◆英語の基本的な語順は〈AはBする（＋詳細）〉という語順です。

問 20：They eat dinner.

◆英語では基本的に結論に相当する〈主語＋述語動詞〉から文がはじまります。

問 21：My brother plays soccer.

◆〈主語＋述語動詞〉の後に詳細を続けます。

◇英語では brother が「兄」と「弟」のどちらの意味を表しているのかは文脈から判断するほかありません。明確に表す場合は、兄は older brother と、弟は younger brother といいます。

問 22：私の父は新聞を読む。

◆〈述語動詞〉の部分つまり reads は、和訳では最後に訳します。

問 23：私の父は毎朝新聞を読む。

◆ every morning は〈時〉（いつ）に関する詳細で、ふつうこの語順で置かれます。

問 24：私の母は朝食を作る。

◆〈述語動詞〉の部分つまり makes は、和訳では最後に訳します。

問 25：私の母は毎日朝食を作る。

◆ every day は〈時〉（いつ）に関する詳細で、ふつうこの語順で置かれます。

問 26：私の姉［妹］は自分の部屋を掃除する。

◆〈述語動詞〉の部分つまり cleans は、和訳では最後に訳します。

◇人称代名詞の所有格（ここでは her）が主語（ここでは my sister）と同一人物を指している場合、「自分の」と訳すことが望ましいです。ここで「彼女の」と訳してしまうと、my sister とは別の人物を指すかのように感じられるからです。英語では sister が「姉」と「妹」のどちらの意味を表しているのかは文脈から判断するほかありません。明確に表す場合は、姉は older sister と、妹は younger sister といいます。

問 27：**私の姉［妹］は毎週末自分の部屋を掃除する。**

◆ every weekend は〈時〉（いつ）に関する詳細で、ふつうこの語順で置かれます。

問 28：**私はあなたのチケットを持っている。**

◆〈述語動詞〉の後の名詞は基本的に「〜を」と訳します。

問 29：**私はアクション映画が好きだ［アクション映画を好む］。**

◇動詞の like を「好きだ」と訳す場合、〈述語動詞〉の後の名詞は「〜が」と訳します。

問 30：**多くの人々がそれを愛している。**

◆人称代名詞 it は主格も目的格も同じ語形ですが、〈述語動詞〉の後に it があることから、これは目的格の it だとわかります。

◇このような一文だけのときは、とくに問題にならないかもしれませんが、英語の文章を読む場合には、3 人称の人称代名詞（he, she, it, they など）が出てきたら、その人称代名詞が具体的に誰あるいは何を指しているのかを確認するようにしましょう。

Words & Phrases

□ drink A：Aを飲む　□ tea：茶、紅茶　□ eat A：Aを食べる　□ dinner：夕食
□ brother：兄、弟、兄弟　□ play A：Aをする　□ soccer：サッカー　□ father：父
□ read A：Aを読む　□ newspaper：新聞　□ every morning：毎朝　□ mother：母
□ make A：Aをつくる　□ breakfast：朝食　□ sister：姉、妹、姉妹
□ clean A：Aを掃除する　□ room：部屋　□ every weekend：毎週末
□ have A：Aを持っている　□ ticket：チケット、切符
□ action movie：アクション映画　□ many：多くの、多数の　□ people：人々

Lesson 2 現在形と過去形

英語では動詞の形を変えることにより、現在のことを表したり、過去のことを表したりします。第2課の内容が理解できれば、ある英文が現在に関する事柄と過去に関する事柄のどちらを伝えているのかが明確にわかるようになります。

Hop｜重要事項

 be 動詞

　一般的に英語の動詞は be 動詞と一般動詞に分けられます。しかし、**一般動詞は be 動詞以外の動詞のこと**ですので、この分け方は1対99というようにずいぶん偏っていると思えませんか？　ただ、この分け方にも一理あって、それだけ be 動詞が特殊な動詞だということを示しているのです。まず、be 動詞の変化表から見てみましょう。

1 **be 動詞は主語や時制によって語形がさまざまに変化する。**

主語	単複	現在形	過去形
I	単数	am	was
you		are	were
he / she / it		is	was
we / you / they	複数	are	were

　この変化表を見たら、be 動詞がいかに特殊な動詞かということがわかってもらえるかもしれません。be 動詞の現在形は主語によって am, is, are と変化し、be 動詞の過去形も主語によって was, were と変化します。これほどに語形が変化する動詞は、be 動詞以外にありません。

2 **be 動詞はその前後の部分を＝（イコール）で結び付けるはたらきがある。**

(a) I am a student.（I = a student）（私は学生だ）

(b) His name is Tom.（his name = Tom）（彼の名前はトムである）

(c) You are kind.（you = kind）（あなたは優しい）

次は be 動詞の意味についてです。意味に関しても、やはり be 動詞の特殊性が表れています。be 動詞にはその前後を＝（イコール）で結び付けるはたらきがあるのです。be 動詞の前を A、後を B とすると、全体で〈A は B（だ）〉〈A は B である〉という意味になります。和訳する際には、be 動詞単独で考えるのではなく、be 動詞の前後が＝（イコール）の関係になるかどうかを確認したうえで訳すようにしてください。

Step｜基礎問題

和訳を参考にしながら、be 動詞を適切な形に変化させて空欄に入れなさい。

1. You（　　　　　）a high school student.（あなたは高校生だ）

2. He（　　　　　）a high school student.（彼は高校生である）

3. She（　　　　　）a high school student.（彼女は高校生だ）

4. We（　　　　　）high school students.（私たちは高校生である）

5. They（　　　　　）high school students.（彼ら［彼女ら］は高校生だ）

6. I（　　　　　）a junior high school student.（私は中学生だった）

7. You（　　　　　）a junior high school student.（あなたは中学生だった）

8. We（　　　　　）junior high school students.（私たちは中学生だった）

9. They（　　　　　）junior high school students.（彼ら［彼女ら］は中学生だった）

10. He（　　　　　）young.（彼は若い）

11. He（　　　　　）young.（彼は若かった）

12. It（　　　　　）expensive.（それは高価だ）

13. It（　　　　　）expensive.（それは高価だった）

14. They（　　　　　）cheap.（それらは安い）

15. They（　　　　　）cheap.（それらは安かった）

Words & Phrases

□ high school student：高校生　□ junior high school student：中学生

□ young：若い　□ expensive：高価な　□ cheap：安い

🔊 現在形と過去形

　本課の冒頭でもふれたように、英語では動詞の形を変えることによって、現在の事柄や過去の事柄を表します。先ほどの be 動詞を例にとれば、is は現在の事柄を表すための形つまり現在形であり、was は過去の事柄を表すための形つまり過去形だといえます。余談ですが、「時制」という文法用語を耳にしたことはありますか？　時制とは簡単にいえば文法上の「時」に合わせて変化した動詞の語形のことです。思い切って単純化してしまえば、**現在形＝現在時制、過去形＝過去時制**ということになります。

🔊 現在形

> ③ **現在形は、動詞の原形と同じ語形か、原形の語尾に -s / -es がついている形。**
> ④ **現在の状態・習慣・事実を表す。**
>
> (d) I know him.（私は彼を知っている）〈状態〉
>
> (e) She plays the violin every day.（彼女は毎日バイオリンを弾く）〈習慣〉
>
> (f) The sun rises in the east.（太陽は東から昇る）〈事実〉

　現在形は、原形と同じ語形か、原形の語尾に -s / -es がついている形で使われます。**動詞の原形**というのは、**もともとの形または辞書の見出し語として載っている形**のことです。また、-s / -es がついている形というのは、いわゆる「3 単現の -s」（3 人称単数現在の -s）が語尾についている形のことです。(e) (f)の例文のように、現在の事柄を表していて、he, she, it あるいは he, she, it に置き換えられる<u>単数の単語</u>（たとえば the sun は it に置き換えられます）が主語の場合に、動詞の語尾に -s / -es がつきます。

3 単現の -s が動詞の語尾についている例		
learn → learns	like → likes	study → studies
understand → understands	go → goes	try → tries
use → uses	watch → watches	have → has

🔊 過去形

> ⑤ **過去形は、ふつう動詞の原形の語尾に -d / -ed がついている形。**
> ⑥ **過去の動作・状態・習慣を表す。**
>
> (g) He watched TV last night.（彼は昨晩テレビを見た）〈動作〉
>
> (h) I was eighteen years old.（私は 18 歳だった）〈状態〉
>
> (i) She played the violin every day.（彼女は毎日バイオリンを弾いていた）〈習慣〉

　過去形はふつう動詞の原形の語尾に -d / -ed がついている形で使われますが、これ以外のやり方で過去形をつくる動詞も存在します。-d / -ed をつけて過去形をつくる動詞を**規則変化動詞**と呼ぶのに対して、これ以外の方法で過去形をつくる動詞を**不規則変化動詞**と呼びます。たとえば、(h)の例文の was も不規則変化動詞のひとつです。

規則変化動詞の過去形の例		
play → played	like → liked	study → studied
watch → watched	use → used	try → tried

不規則変化動詞

7 **不規則変化動詞は大きく３つにパターン分けする**ことができる。

原形(意味)	過去形	過去分詞形
①XYX 型		
come（来る）	came	come
become（なる）	became	become
run（走る）	ran	run
②XYY 型		
find（見つける）	found	found
say（言う）	said	said
tell（伝える）	told	told
make（つくる）	made	made
have（持っている）	had	had
feel（感じる）	felt	felt
leave（去る）	left	left
think（思う）	thought	thought
③XYZ 型		
take（取る）	took	taken
give（与える）	gave	given
get（得る）	got	got / gotten
know（知っている）	knew	known
see（見る）	saw	seen
show（示す）	showed	shown / showed
do（する）	did	done
be（〜である、いる、ある）	was（単数）/ were（複数）	been
go（行く）	went	gone

　ある動詞が過去形として使われていると判断するには、過去形の形を知らなければなりません。規則変化動詞の過去形であればわかりやすいのですが、不規則に変化する不規則変化動詞は知識として過去形を知らなければ過去形だとは判断できませんので、一つひとつ覚えておく必要があります。しかし、不規則変化動詞といっても、すべての動詞がそれぞれ独自の変化をするわけではありません。覚え方のコツは、下記のように**3つのパターンに大きく分類して覚えていく**ことです。

　　　① XYX 型 = **原形と過去分詞形が同じ形で過去形だけが異なる形**
　　　② XYY 型 = **過去形と過去分詞形が同じ形**
　　　③ XYZ 型 = **原形も過去形も過去分詞形もどれも異なる形**

　前ページの表はまず最優先して覚えてほしい不規則変化動詞のリストですが、ほかにも優先順位の高いものがあります。たとえば、次のような動詞です。

〈持ってくる〉bring - brought - brought　　〈立つ〉stand - stood - stood

〈聞く〉hear - heard - heard　　〈教える〉teach - taught - taught

〈売る〉sell - sold - sold　　〈始める〉begin - began - begun

〈送る〉send - sent - sent　　〈壊す〉break - broke - broken

〈過ごす〉spend - spent - spent　　〈話す〉speak - spoke - spoken

　皆さんが英語を学ぶなかで新たな不規則変化動詞に出合ったら、上記のどのグループに当てはまるかを辞書などで確認して整理したうえで覚えていきましょう（〈切る〉cut - cut - cut や〈置く〉put - put - put のように、原形・過去形・過去分詞形がすべて同じ形という第4のグループも少数ながら存在します）。

　なお、過去分詞形については、受動態や完了形といった項目で使うことになる動詞の形です。のちのちに必要となりますので、原形・過去形・過去分詞形と3つをセットにして覚えておくことを推奨しておきます。

Step｜基礎問題

述語動詞が現在形と過去形のどちらなのかに気を付けつつ、次の英文を和訳しなさい。

16. She has a dictionary.

　　（　　　　　　　　　　　　　　　　　　　　　　　　　　　　　　　　）

17. She had a dictionary.

　　（　　　　　　　　　　　　　　　　　　　　　　　　　　　　　　　　）

18. His friend knows me.

    (   )

19. His friend knew me.

    (   )

20. I go to school.

    (   )

21. I went to school.

    (   )

22. He found a key.

    (   )

23. She got her desk.

    (   )

24. We made lunch.

    (   )

25. My father drank coffee.　　※ drink（原形）- drank（過去形）- drunk（過去分詞形）

    (   )

26. My mother bought a car.　　※ buy - bought - bought

    (   )

27. We ate dinner.　　※ eat - ate - eaten

    (   )

28. I met them.　　※ meet - met - met

    (   )

29. My grandfather wrote a book.　　※ write - wrote - written

    (   )

30. My grandmother lost her glasses.　　※ lose - lost - lost

    (   )

Words & Phrases

□ dictionary：辞書　□ go to A：Aに行く　□ school：学校　□ find A：Aを見つける
□ key：鍵　□ get A：Aを得る、手に入れる　□ desk：机　□ lunch：昼食、ランチ
□ coffee：コーヒー　□ buy A：Aを買う　□ car：自動車、車　□ meet A：Aに会う
□ grandfather：祖父　□ write A：Aを書く　□ grandmother：祖母
□ lose A：Aを失う、失くす　□ glasses：めがね

Jump｜レベルアップ問題

31 ～ 32 は与えられた語句を適切な語順に並べかえ、33 ～ 40 は英文を和訳しなさい。
※ Words & Phrases は p. 27 に掲載。

31. 〔high school students / are / they〕. (彼ら [彼女ら] は高校生だ)

   (　　　　　　　　　　　　　　　　　　　　　　　　　　　　　　)

32. 〔were / rich / they〕. (彼ら [彼女ら] は金持ちだった)

   (　　　　　　　　　　　　　　　　　　　　　　　　　　　　　　)

33. John is an English teacher from England.

   (　　　　　　　　　　　　　　　　　　　　　　　　　　　　　　)

34. Alice was an exchange student from America.

   (　　　　　　　　　　　　　　　　　　　　　　　　　　　　　　)

35. We ate dinner at the restaurant.

   (　　　　　　　　　　　　　　　　　　　　　　　　　　　　　　)

36. He found a key in the classroom.

   (　　　　　　　　　　　　　　　　　　　　　　　　　　　　　　)

37. My grandparents gave me a present.

   (　　　　　　　　　　　　　　　　　　　　　　　　　　　　　　)

38. I saw it in the living room. 〈高認 R. 3-2 改〉

   (　　　　　　　　　　　　　　　　　　　　　　　　　　　　　　)

39. She said, "Thank you very much." 〈高認 H. 30-2 改〉

   (　　　　　　　　　　　　　　　　　　　　　　　　　　　　　　)

40. Patricia read an email from Bryan. 〈高認 H. 30-1 改〉　　※ read - read - read

   (　　　　　　　　　　　　　　　　　　　　　　　　　　　　　　)

🔓 解答・解説

基礎問題

問1：are

問2：is

問3：is

問4：are

問5：are

問6：was

問7：were

問8：were

問9：were

問10：is

問11：was

問12：is

問13：was

問14：are

問15：were

問16：彼女は辞書を持っている。

問17：彼女は辞書を持っていた。

問18：彼の友達は私を知っている。

問19：彼の友達は私を知っていた。

問20：私は学校に行く［通う］。

問21：私は学校に行った［通った］。

問22：彼は鍵を見つけた。

問23：彼女は自分の机を得た。

問24：私たちは昼食を作った。

問25：私の父はコーヒーを飲んだ。

問26：私の母は車を買った。

問27：私たちは夕食を食べた。

問28：私は彼らに会った。

問29：私の祖父は本を書いた。

問30：私の祖母は自分のめがねを失くした。

レベルアップ 問題

問 31：They are high school students.

◆be 動詞にはその前後の部分を＝（イコール）で結び付けるはたらきがありますから、they ＝ high school students の関係です。

問 32：They were rich.

◆be 動詞の後には、名詞がくる場合と、rich, kind, young などの形容詞と呼ばれる単語がくる場合があります。形容詞は、be 動詞などの後に置かれる以外にも、rich people（金持ちの人々）や kind person（優しい人）や young man（若い男）というように名詞を詳しく説明するはたらきをします。

問 33：ジョンはイギリス出身の英語の先生だ。

◆John ＝ an English teacher from England の関係です。from は、at, in, on, to, for などとともに、前置詞と呼ばれます。前置詞は、その名のとおり前に置く詞（ことば）で、具体的には名詞の前に置きます。そのため、前置詞だけでなく、〈前置詞＋名詞〉をひとまとまりとして考えてください。〈前置詞＋名詞〉には、直前の名詞を詳しく説明するはたらきがあります。from England はその例で、直前の名詞 teacher を詳しく説明しています。これをふまえて、teacher from England は「イギリス出身の先生」と訳します。

問 34：アリスはアメリカからの交換留学生だった。

◆Alice ＝ an exchange student from America の関係です。問 33 と同じく、from America は直前の名詞 student を詳しく説明しています。これをふまえて、exchange student from America は「アメリカからの交換留学生」と訳します。

問 35：私たちは夕食をレストランで食べた。

◆ate は eat の過去形です。〈前置詞＋名詞〉には、直前の名詞を詳しく説明するはたらきのほかに、動詞を詳しく説明するはたらきもあります。at the restaurant はその例で、動詞 ate を詳しく説明しています。具体的には、「レストランで食べた」というように〈場所〉（どこ）に関する詳細が加えられています。〈前置詞＋名詞〉については、まず動詞を詳しく説明するはたらきだと仮定して訳してみて、不自然な日本語になるのであれば、直前の名詞を詳しく説明するはたらきだと考えてみましょう。

問 36：彼は鍵を教室で見つけた。

◆found は find の過去形です。問 35 と同じく、in the classroom は動詞 found

を詳しく説明していて、「教室で見つけた」というように〈場所〉（どこ）に関する詳細が加えられています。

問 37：私の祖父母は私にプレゼントをくれた。

◆ gave は give の過去形です。

◇動詞によっては、その後に名詞（代名詞を含む）が２つ続くものがあります。その代表例がこの give です。通例、give ＋人＋物（〈人〉に〈物〉を与える）という語順になります。

問 38：私はそれをリビングで見た。

◆saw は see の過去形です。問 35 や問 36 と同じく、in the living room は動詞 saw を詳しく説明していて、「リビングで見た」というように〈場所〉（どこ）に関する詳細が加えられています。

問 39：彼女は「どうもありがとう」と言った。

◆said は say の過去形です。英文の " "（クォーテーションマーク）で括られている部分は、ふつう「　」（一重カギ括弧）で括って和訳します。

問 40：パトリシアはブライアンからのメールを読んだ。

◆read は read の過去形です。from Bryan は直前の名詞 email を詳しく説明しています。これをふまえて、email from Bryan は「ブライアンからのメール」と訳します。なお、この read が現在形ではなく過去形だと断定できるのは、もし Patricia（＝ she）という３人称単数の主語のあとに現在形が続くのであれば、reads と３人称単数現在の -s がつくはずだからです。

◇read の過去形と過去分詞形は原形と同じく read という綴りですが、現在形と発音が違います。過去形と過去分詞形の read は、「赤い」という意味の red と同じ発音です。

Words & Phrases

□ rich：金持ちな、豊かな　□ English teacher：英語の先生　□ England：イギリス
□ from A：Aから（の）、A出身の　□ exchange student：交換留学生
□ America：アメリカ　□ at A：Aで［に］、Aの　□ restaurant：レストラン
□ in A：A（のなか）に［で］、A（のなか）の　□ classroom：教室
□ give A B：AにBを与える　□ present：プレゼント　□ see A：Aを見る
□ living room：リビング、居間　□ say, "〜"：「〜」と言う
□ Thank you very much.：どうもありがとう　□ email：メール、電子メール

Lesson 3 助動詞

助動詞とは、その名のとおり動詞を助けることばです。動詞が主役であり、助動詞は脇役であることはたしかなのですが、この助動詞があるおかげで動詞の意味を変えることなく、そこに「気持ち」を加えることができるのです！

🔍 助動詞と語順

　助動詞は、文字どおり動詞を助けることばを指しますので、助動詞だけで存在することはできません。**助動詞は必ず動詞の原形（もともとの形、辞書の見出し語として載っている形）とセット**で使われます。下の図のように、〈Bする〉の部分に〈助動詞＋動詞の原形〉がワンセットで入ると考えてください。

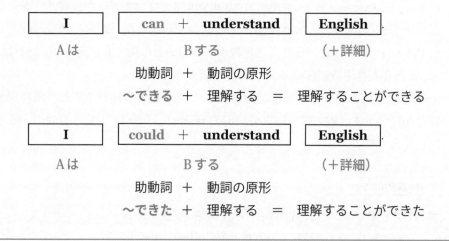

1 助動詞は〈助動詞＋動詞の原形〉という組み合わせで使われる。
2 動詞の意味に助動詞の意味を足し算して意味をとる。
3 助動詞のほうが現在形や過去形になる。

| I | can + understand | English |

Aは　　　　　　　Bする　　　　　　　（＋詳細）
　　　　　　助動詞 ＋ 動詞の原形
　　　　　　〜できる ＋ 理解する ＝ 理解することができる

| I | could + understand | English |

Aは　　　　　　　Bする　　　　　　　（＋詳細）
　　　　　　助動詞 ＋ 動詞の原形
　　　　　　〜できた ＋ 理解する ＝ 理解することができた

　助動詞は単独で使われることなく必ず動詞の原形とセットで用いられ、〈助動詞＋動詞の原形〉という語順になります。日本語と英語を比較してみると、日本語では、「理解することが**できる**」というように助動詞にあたる意味のことばは後に置かれます。それに対して、英語では、**can** understand というように**助動詞は動詞の前に置かれます**。

　注意が必要なのは、現在の事柄を表していても過去の事柄を表していても、**動詞の原形は原形のまま**だということと、助動詞のほうが現在形あるいは過去形になるということです。左の図であれば、**can** が現在形、**could** が過去形です。

　助動詞と動詞の原形の関係と意味のとり方がわかったところで、具体的な助動詞を見ていくことにしましょう。will, can, may, should, must の順に見ていきます。助動詞の意味については、以下のように３つに分類して整理することができますので、この３項目に分けて意味を示すことにします。

---

①固有 = それぞれの助動詞に**固有**の意味
②推量 = 各助動詞に共通する**推量**の意味
③慣用 = 疑問文で使われる**慣用**表現の意味

🔊 will

---

4 **will ＋動詞の原形**
　固有 = 〈未来〉 ~する　〈意志〉 ~するつもりだ
　推量 = 〈推量〉 ~だろう
　慣用 = 〈依頼〉 ~してくれますか？

　(a) My father will be sixty years old next year.

　　（父は来年60歳になります）〈未来〉

　(b) I will cook dinner tomorrow.

　　（私が明日夕食をつくるよ）〈意志〉

　(c) You will pass the exam.

　　（あなたは試験に合格するだろう）〈推量〉

　(d) Will you help me?

　　（私のことを手伝ってくれますか？）〈依頼〉

　ここでの〈未来〉とは、「時間が経てば、自然とあるいは確実にそうなる」という意味を表します。この〈未来〉の意味は、日本語では未来のことも現在形で述べるため、訳語を足す必要はなく、英語の現在形と同じように訳して構いません。

　各助動詞に共通する「推量」とは、話し手の主観や判断を頼りに、ある事柄を推測することを指します。それぞれの助動詞は**その推測に対する自信や確信度に応じて使い分けられており、訳語もそれに応じて変わります**。will の場合は、確信度が高めの推測で「~だろう」という訳語になります。

　(d)の **Will you ~ ?** は相手にお願いするときに用いる表現です。〈**Will you ＋動詞の原形**〉という語順で主語も含めて覚えておいてください。

Step｜基礎問題

助動詞と動詞の原形の意味のとり方に気を付けながら、次の英文を和訳しなさい。

1. They will graduate from high school next year.

　（　　　　　　　　　　　　　　　　　　　　　　　　　　　　　　　）

2. I will send you a letter soon.

　（　　　　　　　　　　　　　　　　　　　　　　　　　　　　　　　）

3. She will help me.

　（　　　　　　　　　　　　　　　　　　　　　　　　　　　　　　　）

can

> **5** can ＋動詞の原形
>
> **固有＝〈可能〉～できる**
>
> **推量＝〈可能性〉～ことがある、あり得る**
>
> **慣用＝〈依頼〉～してくれますか？　〈許可〉～してもいいですか？**
>
> (e) She can play the piano.
>
> 　（彼女はピアノを弾くことができる）〈可能〉
>
> (f) It can rain in the desert.
>
> 　（砂漠で雨が降ることもある）〈可能性〉
>
> (g) Can you tell me the way to the station?
>
> 　（駅までの道を教えてくれますか？）〈依頼〉
>
> (h) Can I use this personal computer?
>
> 　（このパソコンを使ってもいいですか？）〈許可〉

　can の固有の意は「～できる」という〈可能〉の意味です。また、can の推量の意味は「～ことがある、あり得る」という〈可能性〉の意味で、この推測の確信度は低く、「一般的には、そういうことも起こり得る、そういうこともある」といった程度のものです。〈可能性〉の意味を表す can に否定が加わった場合には、可能性の意味合いを否定しますので、**「～するはずがない、～はあり得ない」**という意味になります。

> **Words & Phrases**
>
> □ graduate from A：Aを卒業する　□ high school：高校　□ next year：来年、翌年
> □ send A B：AにBを送る　□ letter：手紙　□ soon：すぐに、まもなく
> □ help A：Aを助ける

(f)の例文を否定文にしてみると、

> It cannot rain in the desert.（砂漠で雨が降るはずがない）
> It can't rain in the desert.（砂漠で雨が降るはずがない）

となります。助動詞を否定形にするには、助動詞と動詞の原形の間に not を置きます。

助動詞の否定形の語順：〈助動詞＋ **not** ＋動詞の原形〉

こまかいことですが、can の否定形については注意が必要です。can の否定形はふつう **cannot** か **can't** という形で書かれます。

(g)の **Can you 〜?** は、**Will you 〜?** と同様にお願いをするときに用いる表現です。〈**Can you ＋動詞の原形**〉という語順で主語も含めて覚えてください。(h)の **Can I 〜?** は許可をとるときの表現です。〈**Can I ＋動詞の原形**〉という語順でまとめて覚えてください。

Can I 〜? に関連して覚えておいてほしい表現として、**Can I have A?**（Aをもらえますか？　Aをください）があります。この表現は、Can I have a cup of coffee?（コーヒーを1杯もらえますか？　コーヒーを1杯ください）というようにカフェなどのお店で何かをオーダーする際に使われるものです。

なお、Can you 〜? は依頼をする際の表現ですが、Can you speak English?（英語を話すことができますか？）などのように、疑問文であれば必ず〈依頼〉の意味になるというわけではないので、その点には気を付けてください。

Step｜基礎問題

can が表す意味をよく考えながら、次の英文を和訳しなさい。

4. He can drive a car.
   (　　　　　　　　　　　　　　　　　　　　　　　　　　　)
5. It can snow in Tokyo in February.
   (　　　　　　　　　　　　　　　　　　　　　　　　　　　)
6. Can I use your dictionary?
   (　　　　　　　　　　　　　　　　　　　　　　　　　　　)

Words & Phrases

□ it rains：雨が降る　□ desert：砂漠　□ drive A：Aを運転する
□ it snows：雪が降る　□ in February：2月に

may

> 6　may ＋動詞の原形
>
> 　固有 = 〈許可〉～してもよい
>
> 　推量 = 〈推量〉～かもしれない
>
> 　慣用 = 〈許可〉～してもよろしいですか？
>
> 　(i) Students may not enter the meeting room.
>
> 　　（学生は会議室に入ってはいけない）〈許可〉
>
> 　(j) My father may be late this evening.
>
> 　　（私の父は今夜遅くなるかもしれない）〈推量〉
>
> 　(k) May I use this personal computer?
>
> 　　（このパソコンを使ってもよろしいですか？）〈許可〉

　may の固有の意味は「～してもよい」という〈許可〉の意味です。(i)の例文のように、否定文でこの may が用いられた場合、「～してもよい」という意味が否定されますから、**「～してはいけない」** という不許可の意味合いになります。目上の人が目下の人に対して使う表現です。may の推量の意味は「～かもしれない」という意味です。訳語からわかるように、推測の確信度は五分五分といったところです。

　(k)の **May I ～?** は、許可をとるときに用いる表現です。〈**May I ＋動詞の原形**〉という語順で主語も含めて覚えてください。**Can I ～?** も許可をとるときの表現ですが、両者の違いは **May I ～?のほうが丁寧な表現**だという点です。

Step｜基礎問題

may が表す意味をよく考えながら、次の英文を和訳しなさい。

7.　He may buy this textbook tomorrow.

　（　　　　　　　　　　　　　　　　　　　　　　　　　　　　　　　）

8.　She may need this information.

　（　　　　　　　　　　　　　　　　　　　　　　　　　　　　　　　）

9.　May I borrow your dictionary?

　（　　　　　　　　　　　　　　　　　　　　　　　　　　　　　　　）

> **Words & Phrases**
>
> □ this A：このA　□ textbook：教科書　□ tomorrow：明日
>
> □ need A：Aを必要とする、必要としている　□ information：情報
>
> □ borrow A：Aを借りる

should

> 7 **should ＋動詞の原形**
> **固有＝〈義務〉〜すべきだ**
> **推量＝〈当然〉〜のはずだ**
>
> (l) Students should study hard every day.
>   （学生は毎日一生懸命勉強するべきだ）〈義務〉
> (m) My father should be home by now.
>   （私の父は今ごろ家にいるはずだ）〈当然〉

　should は固有の意味と推量の意味の２つだけ覚えておきましょう。should の固有の意味は〈義務〉ですが、〈義務〉のニュアンスがすこし弱まり、次の例文のように「**〜したほうがいい**」という助言や忠告に近い意味を表すこともあります。

　　(n) You should go to hospital soon.（病院にすぐに行ったほうがいいよ）

とくに会話で should が使われる際には「〜したほうがいい」という控えめな意味になり得ることを頭に入れておいてください。
　should の推量の意味は〈当然〉です。訳語からわかるとおり、**can や may よりも確信度の高い推量**の意味を表します。

must

> 8 **must ＋動詞の原形**
> **固有＝〈義務〉〜しなければならない**
> **推量＝〈必然〉〜に違いない**
>
> (o) You must finish your homework by tomorrow.
>   （あなたは宿題を明日までに終わらせなければならない）〈義務〉
> (p) The cat must be hungry.
>   （その猫はおなかがすいているに違いない）〈必然〉

　must も should と同じように固有の意味と推量の意味の２つだけ覚えておきましょう。

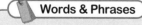
Words & Phrases

□ hospital：病院

should は「〜すべきだ」と「〜のはずだ」という意味で、must は「〜しなければならない」と「〜に違いない」という意味で、should と must は同じような意味をもっています。似たような意味をもっているものの、両者に違いはあります。**should よりも must のほうが意味が強い**ということです。

should　＜　must

「〜すべきだ」＜「〜しなければならない」

「〜のはずだ」＜「〜に違いない」

〈義務〉の意味であれば、**must には強制力のある響きがときに生まれます**し、〈必然〉の意味であれば、**must のほうが should よりも確信度がさらに高く**、断定的な響きがあります。

Step｜基礎問題

should と must のニュアンスの違いを意識しながら、次の英文を和訳しなさい。

10. You should call him right now.
    (　　　　　　　　　　　　　　　　　　　　　　　　　　　　　　　)

11. You must call him right now.
    (　　　　　　　　　　　　　　　　　　　　　　　　　　　　　　　)

12. She should be beautiful.
    (　　　　　　　　　　　　　　　　　　　　　　　　　　　　　　　)

13. She must be beautiful.
    (　　　　　　　　　　　　　　　　　　　　　　　　　　　　　　　)

14. The parcel should arrive tomorrow afternoon.
    (　　　　　　　　　　　　　　　　　　　　　　　　　　　　　　　)

15. The parcel must arrive tomorrow afternoon.
    (　　　　　　　　　　　　　　　　　　　　　　　　　　　　　　　)

Words & Phrases

□ call A：Aに電話をかける　□ right now：今すぐ　□ beautiful：美しい
□ parcel：小包　□ arrive：到着する、届く　□ tomorrow afternoon：明日の午後

🖋 助動詞：応用

> **9** いくつかの助動詞にはほぼ同意の書き換え表現がある。
>
> will ＝ **be going to** ＋動詞の原形（～する予定だ、～するつもりだ）
>
> can ＝ **be able to** ＋動詞の原形（～できる）
>
> should ＝ **ought to** ＋動詞の原形（～すべきだ）
>
> must ＝ **have to** ＋動詞の原形（～しなければならない）

will は be going to、can は be able to、should は ought to、must は have to に書き換えることができます。これらの表現にはどれも最後に to がありますが、**to の後には動詞の原形が続きます。**動詞の原形が続くという点は、1 語単位の助動詞と同じです。

> **10** 丁寧に依頼する場合には以下の表現を用いる。
>
> Will you ～?　→　**Would you ～?**（～していただけますか？）
>
> Can you ～?　→　**Could you ～?**（～していただけますか？）

先ほど、〈Will you ～?〉と〈Can you ～?〉が相手に依頼をする場合に用いる表現であることを学びました。人に物事を頼む際には気軽に頼めることばかりとも限りませんし、必ずしも親しい友人に頼むとも限りません。ときには頼みにくいお願いをすることもあるでしょうし、目上の人や親しくない人にお願いすることもあるでしょう。そのような場合に用いるのが、〈**Would you ～?**〉と〈**Could you ～?**〉です。

〈Would you ～?〉の would は will の過去形で、〈Could you ～?〉の could は can の過去形です。ただ、これらの表現にある would や could は過去のことを表すわけではありません。次の例文の和訳からわかるように、〈Could you ～?〉を用いていても、過去ではなく現在のことを述べています。

(q) Can you lend me 10,000 yen?（私に 1 万円を貸してくれますか？）

　　　↓

(q)' Could you lend me 10,000 yen?（私に 1 万円を貸していただけますか？）

これは、どういうことかというと、**現在の事柄を述べるのに、あえて過去形を用いることによって丁寧さを出している**のです。日本語でも「よろしければ……」と言うよりも「よろしかったら……」と言うと、より丁寧なニュアンスが生まれるのと同じことです。

> **11** 相手に〈申し出〉や〈提案〉をするには以下の表現を用いる。
>
> **Shall I ～?**（[私が] ～しましょうか？）
>
> **Shall we ～?**（[一緒に] ～しませんか？）

　shall も助動詞のひとつではありますが、shall については下の例文を通して２つの慣用表現を覚えておけば大丈夫です。余裕があれば、受け答えのしかたについても覚えておきましょう。

(r) Shall I make a cup of tea?（紅茶を淹れましょうか？）
　　―― Yes, please.（はい、お願いします）／ No, thank you.（いいえ、結構です）

(s) Shall we go to the museum together?（いっしょに博物館に行きませんか？）
　　―― Yes, let's.（はい、そうしましょう）／ No, let's not.（いいえ、よしましょう）

> **Words & Phrases**
>
> □ lend A B：A に B を貸す　□ make tea：紅茶を淹れる　□ a cup of A：一杯の A
>
> □ museum：博物館　□ together：いっしょに

 **Jump** | レベルアップ問題

16 ～ 18 は与えられた語句を適切な語順に並べかえ、19 ～ 25 は英文を和訳しなさい。
※ Words & Phrases は p. 40 に掲載。

16.〔 speak / three languages / can / she 〕.（彼女は３つの言語を話すことができる）
（   ）

17.〔 must / true / the story / be 〕.（その話は本当に違いない）
（   ）

18.〔 to / English / you / study / ought 〕.（あなたは英語を勉強すべきだ）
（   ）

19. It will rain in the afternoon.
（   ）

20. He can write a letter in French.
（   ）

21. We could see Mt. Fuji from our house yesterday.
（   ）

22. Shall I open the window?
（   ）

23. You should finish it before dinner.〈高認 R. 3-1〉
（   ）

24. Could you show me something else?〈高認 R. 1-1〉
（   ）

25. Students had to ask English teachers questions in English.〈高認 H. 29-1 改〉
（   ）

🔓 解答・解説

基礎問題

問 1 ：彼らは来年高校を卒業します。

問 2 ：私はあなたに手紙をすぐに送るつもりだ。

問 3 ：彼女は私を助けてくれるだろう。

問 4 ：彼は車を運転することができる。

問 5 ：東京では 2 月に雪が降ることがある。

問 6 ：あなたの辞書を使ってもいいですか？

問 7 ：彼は明日この教科書を買うかもしれない。

問 8 ：彼女はこの情報を必要としているかもしれない。

問 9 ：あなたの辞書を借りてもよろしいですか？

問 10：あなたは彼に今すぐ電話をかけるべきだ［電話をかけたほうがいい］。

問 11：あなたは彼に今すぐ電話をかけなければならない。

問 12：彼女は美しいはずだ。

問 13：彼女は美しいに違いない。

問 14：小包は明日の午後に届くはずだ。

問 15：小包は明日の午後に届くに違いない。

レベルアップ 問題

問 16 : She can speak three languages.

◆助動詞の後には動詞の原形が続きます。なお、he, she, it などが主語であったとしても、plays, goes, studies などの動詞とは異なり、助動詞の語尾に「3 単現の -s」がつくことはありません。

問 17 : The story must be true.

◆〈助動詞＋動詞の原形〉でワンセットです。なお、be は be 動詞の原形です。

問 18 : You ought to study English.

◆ought to の後にも動詞の原形が続きます。このことは、be going to, be able to, have to についても同様です。

問 19 : 午後は雨が降るだろう。

◆この will は〈推量〉（〜だろう）の意味です。〈前置詞＋名詞〉には、動詞を詳しく説明するはたらきがあります。in the afternoon は動詞 rain を詳しく説明しています。「午後に雨が降る」というように〈時〉（いつ）に関する詳細が加えられています。

問 20 : 彼は手紙をフランス語で書くことができる。

◆この can は〈可能〉（〜できる）の意味です。〈前置詞＋名詞〉には、動詞を詳しく説明するはたらきがあります。in French は動詞 write を詳しく説明しています。「フランス語で書く」というように〈方法・手段〉（どのように）に関する詳細が加えられています。

問 21 : 昨日、私たちは富士山を自分の家から見ることができた。

◆could は can の過去形で、〈可能〉（〜できた）の意味です。could だけでなく、文末に yesterday とあることからも、過去の事柄を述べていることがわかります。〈前置詞＋名詞〉には、動詞を詳しく説明するはたらきがあります。from our house は動詞 see を詳しく説明しています。「自分の家から見る」というように〈場所〉（どこ）に関する詳細が加えられています。

問 22 : 窓を開けましょうか？

◆Shall I 〜 ?（〜しましょうか？）は〈申し出〉をする際の表現です。

問 23： あなたはそれを夕食の前に終わらせるべきだ［終わらせたほうがいい］。

◆この should は〈義務〉（〜すべきだ）の意味です。〈義務〉というよりは助言や忠告と解釈した場合には、「終わらせたほうがいい」と訳しても構いません。〈前置詞＋名詞〉には、動詞を詳しく説明するはたらきがあります。before dinner は動詞 finish を詳しく説明しています。「夕食の前に終わらせる」というように〈時〉（いつ）に関する詳細が加えられています。

問 24： （私に）何かほかのものを見せていただけますか？

◆Could you 〜？（〜していただけますか？）は丁寧に依頼する際の表現です。
◇show は、give と同じように、その後に名詞（代名詞を含む）が２つ続くことがあります。show ＋人＋物で「〈人〉に〈物〉を見せる」という意味になります。

問 25： 生徒たちは英語の先生に英語で質問をしなければならなかった。

◆had to は have to の過去形で、「〜しなければならなかった」という意味です。〈前置詞＋名詞〉には、動詞を詳しく説明するはたらきがあります。in English は動詞 ask を詳しく説明しています。「英語でたずねる」というように〈方法・手段〉（どのように）に関する詳細が加えられています。
◇ask も、give と同じように、その後に名詞（代名詞を含む）が２つ続くことがあります。ask ＋人＋物事で「〈人〉に〈物事〉をたずねる」という意味になります。

Words & Phrases

□ three：3　□ language：言語　□ story：話、物語　□ true：本当の
□ in the afternoon：午後に　□ in French：フランス語で　□ Mt. Fuji：富士山
□ house：家　□ yesterday：昨日　□ open A：Aを開ける　□ window：窓
□ finish A：Aを終わらせる、終える　□ before A：Aの前に［の］
□ show A B：AにBを見せる　□ something else：何かほかのもの
□ ask A a question：Aに質問する

Lesson 4 進行形

本課で最も重要なのは現在進行形の使いどころです。日本語で「〜している」という意味を表すのであれば、必ず現在進行形を使うと理解していたら、それは誤解です。間違って理解していた人も第4課の内容を学習すれば、その誤解がとけるはずです！

 **Hop** | **重要事項**

🔍 進行形

　この進行形を学ぶ際には、be 動詞の現在形と過去形の知識があるかどうかも大事になります。もし be 動詞の現在形と過去形の具体的な語形がぱっと頭に思い浮かばない場合には、第2課に一度戻って復習をしてから本課の進行形の内容に入っていくことをおすすめします。

---

1 **進行形の基本形は 〈be 動詞＋ (V)-ing〉である。**

2 **be 動詞が現在形や過去形になる。**

　(a) He is studying English now.

　　（彼は今英語を勉強している）〈現在進行形〉

　(b) He was studying English then.

　　（彼はそのとき英語を勉強していた）〈過去進行形〉

　進行形の基本形は 〈be 動詞＋ (V)-ing〉です。バラバラにせず、セットで覚えてください。(V)-ing という表記は**動詞の語尾に -ing がついた形**であることを意味します。〈be 動詞＋現在分詞〉と表記しても同じことなのですが、視覚的にもわかりやすいよう〈be 動詞＋ (V)-ing〉としておきます。

　〈be 動詞＋ (V)-ing〉の be 動詞が現在形あるいは過去形になります。be 動詞が**現在形**の場合つまり〈**am / is / are** ＋ (V)-ing〉は**現在進行形**と、be 動詞が**過去形**の場合つまり〈**was / were** ＋ (V)-ing〉は**過去進行形**と呼ばれます。どちらの場合も (V)-ing の部分は変わりません。

進行形	形	意味
現在進行形	am / is / are ＋ (V)-ing	〜している（ところだ）
過去進行形	was / were ＋ (V)-ing	〜していた

🔈 現在進行形

> ③ 現在進行形は 〈am / is / are + (V)-ing〉 の形で用いる。
>
> ④ 意味は「〜している」。 ※〜しているところだ（〜している途中だ）
>
> (c) I am listening to music now.（私は今音楽を聴いている）

　進行形は、ある一時点において**動作が進行途中である**ことを描写する言い方です。これをふまえると、現在進行形は**現在の時点において動作が進行途中である**ことを示す表現方法です。

　いきなりではありますが、ここでひとつ問題です。次の英文を完成させるには、空欄に is studying と studies のどちらを入れたらよいでしょうか？

　　He （　　　　　　）English every day.（彼は毎日英語を勉強している）

　これは、今まさに勉強している途中だというわけではなく習慣的に勉強しているということですから、現在形である studies が正しいです。このような問題にひっかからないようにするコツは、「〜しているところだ（〜している途中だ）」と言い換えることができるかどうかを確認することです。あるいは、先ほど説明したように、**動作が今まさに進行途中である場合に現在進行形を使う**と理解しておくことです。

🔨 Step ｜基礎問題

1〜5は be 動詞を適切な形に変化させて空欄に入れ、6〜12 は今まさに動作が行われている様子を頭の中で具体的にイメージしながら英文を和訳しなさい。

1. I （　　　　　　）studying mathematics now.（私は今数学を勉強している）

2. You （　　　　　　）studying mathematics now.（あなたは今数学を勉強している）

3. He （　　　　　　）studying mathematics now.（彼は今数学を勉強している）

4. We （　　　　　　）studying mathematics now.（私たちは今数学を勉強している）

5. They （　　　　　　）studying mathematics now.（彼女らは今数学を勉強している）

6. My sister is watching TV.

　　（　　　　　　　　　　　　　　　　　　　　　　　　　　　　　　　　　　　）

🏷 Words & Phrases

☐ mathematics（＝ math）：数学　☐ now：今（は）　☐ watch TV：テレビを観る
☐ video game：テレビゲーム

7. My brother is playing video games.

(   )

8. Their baby is crying.

(   )

9. His dog is barking.

(   )

10. They are swimming.

(   )

11. She is writing a letter.

(   )

12. He is sleeping.

(   )

🔊 過去進行形

> 5 過去進行形は〈was / were + (V)-ing〉の形で用いる。
>
> 6 意味は「〜していた」。 ※〜しているところだった（〜している途中だった）
>
> (d) I was listening to music then.（私はそのとき音楽を聴いていた）

　過去進行形は現在進行形が理解できていれば、わかりやすいはずです。**時間軸を現在から過去にずらすだけ**だからです。現在進行形と過去進行形の違いは、**基準となる時間が現在なのか過去なのか**という点です。

　　(c) I am listening to music now.

　　(d) I was listening to music then.

　(c)の**現在進行形**は**現在**の今まさにある動作が進行途中であることを表すのに対して、(d)の**過去進行形**は**過去の一時点**である動作が進行途中であったことを表します。このように基準となる時間は違いますが、どちらも**ある動作が進行中でその途中の一瞬を切り取った言い方**であることは共通していますので、現在進行形の理解を土台とすれば、過去進行形は比較的楽に理解できるかと思います。

> **Words & Phrases**
>
> □ baby：赤ん坊　□ cry：泣く、叫ぶ　□ dog：犬　□ bark：吠える　□ swim：泳ぐ
> □ sleep：寝る、眠る　□ listen to A：Aを聴く　□ music：音楽　□ then：そのとき

Step | 基礎問題

13 〜 17 は be 動詞を適切な形に変化させて空欄に入れ、18 〜 25 は過去の一時点で動作が行われている様子を頭の中で具体的にイメージしながら英文を和訳しなさい。

13. I （　　　　　　） reading a book then. （私はそのとき本を読んでいた）

14. You （　　　　　　） reading a book then. （あなたはそのとき本を読んでいた）

15. He （　　　　　　） reading a book then. （彼はそのとき本を読んでいた）

16. We （　　　　　　） reading a book then. （私たちはそのとき本を読んでいた）

17. They （　　　　　　） reading a book then. （彼女らはそのとき本を読んでいた）

18. We were eating dinner.
    （　　　　　　　　　　　　　　　　　　　　　　　　　　　　　　　　　　　）

19. He was practicing the guitar.
    （　　　　　　　　　　　　　　　　　　　　　　　　　　　　　　　　　　　）

20. She was singing a song.
    （　　　　　　　　　　　　　　　　　　　　　　　　　　　　　　　　　　　）

21. We were waiting for you.
    （　　　　　　　　　　　　　　　　　　　　　　　　　　　　　　　　　　　）

22. It was raining then.
    （　　　　　　　　　　　　　　　　　　　　　　　　　　　　　　　　　　　）

23. The phone was ringing then.
    （　　　　　　　　　　　　　　　　　　　　　　　　　　　　　　　　　　　）

24. You were speaking English very well.
    （　　　　　　　　　　　　　　　　　　　　　　　　　　　　　　　　　　　）

25. They were running very fast.
    （　　　　　　　　　　　　　　　　　　　　　　　　　　　　　　　　　　　）

Words & Phrases

□ practice A：Aを練習する　□ guitar：ギター　□ sing a song：歌を歌う
□ wait for A：Aを待つ　□ phone：電話　□ ring：鳴る　□ very：とても、非常に
□ well：上手に、うまく　□ fast：速く

近い未来の予定を表す現在進行形

> 7 **現在進行形で近い未来の予定を表す**ことができる。
>
> (e) I am leaving Japan tomorrow morning.
>
> （私は明朝に日本を出発する）

　現在進行形が表す意味から派生した用法で、やや応用的な内容になりますが、第3課で学んだ will や be going to 以外にも、現在進行形によって未来のことを表すことができます。

　現在進行形によって表されるのは、**近い未来の予定**です。この用法では、**go, come, leave, arrive, start** などの往来・発着を意味する動詞がよく用いられます。これらのよく使われる動詞をひとつの目印として、このような動詞が現在進行形で使われていたら、この近い未来の予定を表す用法ではないかと考えるとよいでしょう。

　　(f) I must be going now.（もう行かなければなりません）

　　(g) They are coming soon.（彼らはまもなくやって来る）

　　(h) We are leaving for Wien tomorrow.（私たちは明日ウィーンに出発する）

　　(i) He is arriving at Tokyo this afternoon.（彼は今日の午後に東京に到着する）

現在進行形が今まさにある動作が進行途中であることを表すことから、この用法には**すでに準備等が進行中である**というニュアンスが含まれます。

Words & Phrases

□ start：出発する　　□ leave for A：Aに（向けて）出発する

※ leave A：Aを出発する、Aを去る　　□ Wien：ウィーン　　□ arrive at A：Aに到着する

□ this afternoon：今日の午後

Jump ｜ レベルアップ問題

26 〜 28 は与えられた語句を適切な語順に並べかえ、29 〜 35 は英文を和訳しなさい。
※ Words & Phrases は p. 49 に掲載。

26. 〔 now / washing / my father / the dishes / is 〕．（父は今お皿を洗っている）

    (   )

27. 〔 cooking / breakfast / was / then / my mother 〕．（母はそのとき朝食を作っていた）

    (   )

28. 〔 now / reading / in his room / a book / is / he 〕．（彼は今自分の部屋で本を読んでいる）

    (   )

29. I was looking for my smartphone in the dining room.

    (   )

30. My father is writing a letter to his friend now.

    (   )

31. My mother was talking on the phone at that time.

    (   )

32. They are starting at 9 a.m. tomorrow.

    (   )

33. I'm looking for a laptop computer. 〈高認 R. 2-2 改〉

    (   )

34. My children were still sleeping. 〈高認 R. 1-2〉

    (   )

35. I'm making a short movie for my friend's wedding. 〈高認 H. 30-2〉

    (   )

🔑 解答・解説

基礎問題

問 1：**am**

問 2：**are**

問 3：**is**

問 4：**are**

問 5：**are**

問 6：私の姉［妹］はテレビを観ている［観ているところだ］。

問 7：私の兄［弟］はテレビゲームをしている［しているところだ］。

問 8：彼らの赤ん坊は泣いている［泣いているところだ］。

問 9：彼の犬は吠えている［吠えているところだ］。

問 10：彼ら［彼女ら］は泳いでいる［泳いでいるところだ］。

問 11：彼女は手紙を書いている［書いているところだ］。

問 12：彼は眠っている［眠っているところだ］。

問 13：**was**

問 14：**were**

問 15：**was**

問 16：**were**

問 17：**were**

問 18：私たちは夕食を食べていた。

問 19：彼はギターを練習していた。

問 20：彼女は歌を歌っていた。

問 21：私たちはあなたを待っていた。

問 22：そのとき雨が降っていた。

問 23：そのとき電話が鳴っていた。

問 24：あなたはとても上手に英語を話していた。

◆ very well は動詞 speak を詳しく説明していますので、「とても上手に話す」というように訳します。

問 25：彼ら［彼女ら］はとても速く走っていた。

◆ very fast は動詞 run を詳しく説明していますので、「とても速く走る」というように訳します。

問 26 ： My father is washing the dishes now.

◆ am / is / are と (V)-ing がある場合には、これらを組み合わせて現在進行形がつくれないかと考えましょう。now は〈時〉（いつ）に関する詳細ですので、この位置に置きます。

問 27 ： My mother was cooking breakfast then.

◆ was / were と (V)-ing がある場合には、これらを組み合わせて過去進行形がつくれないかと考えましょう。then は〈時〉（いつ）に関する詳細ですので、この位置に置きます。

問 28 ： He is reading a book in his room now.

◆ am / is / are と (V)-ing がある場合には、これらを組み合わせて現在進行形がつくれないかと考えましょう。〈前置詞＋名詞〉には、動詞を詳しく説明するはたらきがあります。in his room は動詞 read を詳しく説明しています。「自分の部屋で読む」というように〈場所〉（どこ）に関する詳細が加えられています。また、now は〈時〉（いつ）に関する詳細です。〈場所〉（どこ）に関する詳細と〈時〉（いつ）に関する詳細が同時にある場合は、このように〈場所〉（どこ）→〈時〉（いつ）という語順になります。

問 29 ： 私はダイニングで自分のスマートフォンを探していた。

◆was looking とありますので過去進行形です。〈前置詞＋名詞〉には、動詞を詳しく説明するはたらきがあります。in the dining room は動詞 look for（look for の 2 語で「〜を探す」という意味の熟語）を詳しく説明しています。「ダイニングで探す」というように〈場所〉（どこ）に関する詳細が加えられています。

問 30 ： 私の父は今友達に手紙を書いている［書いているところだ］。

◆ is writing とありますので現在進行形です。

◇write も、give と同じように、その後に名詞（代名詞を含む）が 2 つ続くことがあります。〈write ＋人＋物〉で「〈人〉に〈物〉を書く」という意味になります。この〈write ＋人＋物〉という表現は、ほぼ同じ意味のまま別の語順の表現に書き換えることができます。それが本問に用いられている〈write ＋物＋ to ＋人〉です。いずれも「〈人〉に〈物〉を書く」という意味ですが、後者は「〈人〉に」という部分に焦点が当てられています。同じように、〈動詞＋人＋物〉を〈動詞＋物＋ to ＋人〉に書き換えられる動詞は、ほかに give, send, lend, show, teach などがあります。

問 31：私の母はそのとき電話で話していた。

◆was talking とありますので過去進行形です。〈前置詞＋名詞〉には、動詞を詳しく説明するはたらきがあります。on the phone と at that time は動詞 talk を詳しく説明しています。「電話で話す」「そのとき話す」というように〈場所〉（どこ）と〈時〉（いつ）に関する詳細が加えられています。〈場所〉（どこ）に関する詳細と〈時〉（いつ）に関する詳細が同時にある場合は、このように〈場所〉（どこ）→〈時〉（いつ）という語順になります。

問 32：彼ら［彼女ら］は明日午前 9 時に出発する。

◆are starting とありますので現在進行形ですが、これは近い未来の予定を表す現在進行形の使い方です。go, come, leave, arrive, start などの往来・発着を意味する動詞とともに現在進行形が使われている場合は注意しましょう。〈前置詞＋名詞〉には、動詞を詳しく説明するはたらきがあります。at 9 a.m. は動詞 start を詳しく説明しています。「午前 9 時に出発する」というように〈時〉（いつ）に関する詳細が加えられています。

問 33：私はノートパソコンを探している［探しているところだ］。

◆ am looking とありますので現在進行形です（I'm は I am の短縮形です）。

問 34：私の子どもたちはまだ眠っていた。

◆ were sleeping とありますので過去進行形です。

問 35：私は友達の結婚式のための短い映画をつくっている［つくっているところだ］。

◆ am making とありますので現在進行形です。〈前置詞＋名詞〉には、直前の名詞を詳しく説明するはたらきがあります。for my friend's wedding はその例で、直前の名詞 movie を詳しく説明しています。これをふまえて、movie for my friend's wedding は「友達の結婚式のための映画」と訳します。

📎 Words & Phrases

□ wash the dishes：皿洗いをする　□ look for A：A を探す

□ smartphone：スマートフォン　□ dining room：ダイニング、食堂

□ write B to A：A に B を書く　□ talk：話す　□ on the phone：電話で

□ at that time：そのとき　□ at 9 a.m.：午前 9 時に

□ laptop computer：ノートパソコン　□ child（複数形：children）：子ども

□ still：まだ、なお　□ short：短い　□ movie：映画　□ for A：A のために［の］

□ wedding：結婚式

Lesson 5 完了形・受動態

完了形と受動態。字面だけ見ていてもわからないかもしれませんが、この2つには共通点があります。それはどちらも動詞の過去分詞を使うことです。第2課ですこしだけふれた過去分詞の具体的な使い方を本課で学んでいきましょう！

Hop｜重要事項

 完了形と受動態

　完了形と受動態を学ぶにあたっては、どちらもその一部に過去分詞を含むため、動詞の過去分詞形の知識が必要となります。規則変化動詞の場合、**過去分詞形は過去形と同じ形（動詞の語尾に -d / -ed）**ですが、不規則変化動詞の場合は、**動詞によって過去分詞形が異なります**。第2課で学んだ不規則変化動詞の過去分詞形について不安があるようであれば、いったん第2課に戻って復習してから以下の内容に進んでいくことをおすすめします。

　完了形と受動態は意味こそ異なりますが、共通したところがあります。まずは両者の形をざっと確認してから、それぞれ見ていくことにしましょう。

---

1. **完了形の基本形は〈have + (V)-ed〉である。**
2. **受動態の基本形は〈be 動詞 + (V)-ed〉である。**
3. **完了形は have が現在形や過去形になる。**
4. **受動態は be 動詞が現在形や過去形になる。**

　(a) I have finished my homework.

　　（私は宿題を終えた）〈現在完了形〉

　(b) The picture was painted by my friend.

　　（その絵は私の友達によって描かれた）〈受動態・過去形〉

　完了形の基本形は〈have + (V)-ed〉で、受動態の基本形は〈be 動詞 + (V)-ed〉です。(V)-ed は過去形ではなく**過去分詞形**を指します。つまり、完了形と受動態の後半部分は同じです。前半部分が have であれば完了形、be 動詞であれば受動態です。(V)-ed という表記は、規則変化動詞の過去分詞形のつくり方を基準として便宜上このように書き表していますが、不規則変化動詞の過去分詞形も含んでいると考えてください。

　完了形は〈have ＋ (V)-ed〉の have が現在形あるいは過去形に変化します。have が**現在形**の場合〈**have / has ＋ (V)-ed**〉は**現在完了形**と、have が**過去形**の場合〈**had ＋ (V)-ed**〉は**過去完了形**と呼ばれます。いずれの場合も (V)-ed の部分は変わりません。

　受動態は〈be 動詞＋ (V)-ed〉の be 動詞が現在形あるいは過去形に変化します。受動態の現在形は〈**am / is / are ＋ (V)-ed**〉で、受動態の過去形は〈**was / were ＋ (V)-ed**〉となります。どちらの場合も (V)-ed の部分は変わりません。

完了形	形	受動態	形
現在**完了形**	have / has ＋ (V)-ed	受動態・現在形	am / is / are ＋ (V)-ed
過去**完了形**	had ＋ (V)-ed	受動態・過去形	was / were ＋ (V)-ed

💡 現在完了形

　完了形は現在完了形と過去完了形を学びますが、現在進行形と過去進行形を学んだときと同様に現在完了形をしっかり理解すれば、これが土台となって過去完了形も容易に理解できるようになります。まず、現在完了形と過去形の違いを理解しましょう。

> ⑤ **現在完了形**は**過去の出来事や状態が現在に影響を与えている**ことを示す。
>
> (c) I have lost my key.　　※今もなお鍵は見つかっていない。
> (d) I lost my key.　　　　 ※鍵が見つかったどうかは不明。

　(c)は現在完了形（have lost）を用いた例文で、(d)は過去形（lost）を用いた例文です。どちらも「私は鍵を失くした」と訳すことができますが、果たして同じ意味と考えていいのでしょうか？　現在完了形と過去形の違いは**現在とのつながりの有無**です。下の図解を確認してください。

　過去形（lost）を用いた場合は、**過去の一時点の事実だけ**を表します。それに対して、現在完了形（have lost）を用いた場合は、**過去の一時点の事実を含めて現在に至るまでのこと**を表します。上の図解をふまえて言い換えれば、過去形が過去の「点」（過去形＝〈過去〉）を表す形であるのに対して、現在完了形は過去から現在までの「線」（現在完了形＝〈過去＋現在〉）を表す形であるといえます。

　具体的には、過去形 lost は、鍵を失くしたという過去の事実をいうだけで、現在のことは含みませんが、現在完了形 have lost は、**鍵を失くしたという過去の事実を含んでいて、それが現在もある（have）こと**をいうので、現在のことも含んでいます。このようなことから、(d)の例文では鍵が見つかったのかどうかは不明ですが、(c)の例文では鍵は今もなお見つかっていないということがいえるのです。

💡 現在完了形の意味

> 6　現在完了形の意味は**ともに使われている語句**から判断する。
>
> 〈完了・結果〉**already**（すでに）/ **just**（ちょうど）
>
> 〈経験〉**once**（一度）/ **twice**（二度）/ **often**（よく）/ **before**（以前に）
>
> 〈継続〉**for A**（Aの間、Aの期間）/ **since A**（A以来、Aから）
>
> (e) We have just eaten lunch.
>
> 　（私たちはちょうどランチを食べたところだ）〈完了〉
>
> (f) I have seen the movie twice.
>
> 　（私はその映画を二度見たことがある）〈経験〉
>
> (g) He has lived in Tokyo for three years.
>
> 　（彼は東京に３年間住んでいる）〈継続〉

現在完了形の意味

〈完了・結果〉：〜したところだ、〜してしまった、〜した

〈経験〉：〜したことがある

〈継続〉：〜し（続け）ている

　現在完了形の意味をどう判断すればいいのだろうかと思ったかもしれませんが、基本的に現在完了形といっしょに使われている語句から意味は判断できます。上に挙げた語句は**意味を判断するキーワード**だと考えてください。ほかにも、現在完了形とともに **recently**（最近）や **yet**（[否定文で] まだ〜ない、[疑問文で] すでに〜？）などが使われていれば〈完了・結果〉の意味に、また **ever**（今までに）、**never**（一度も〜ない）、**three times**（三度）などが使われていれば〈経験〉の意味になります。

　〈継続〉のところに挙げている for A と since A については、for A は for twenty years（20年間）のように**期間**を表し、since A は since last year（去年から）のように**過去の起点**を表します。since のあとには since I was born（生まれたときから）というように文が続くこともあります。なお、〈継続〉の意味の和訳について、動作ではなく状態が継続する場合には、「〜し（続け）ている」という継続の意味合いを表すことばが不要なことがあります。

Step | 基礎問題

現在完了形とともに使われている語句に着目しながら、次の英文を和訳しなさい。

1. The train has just arrived at the station.
    (   )

2. She has met the violinist once.
    (   )

3. My friend has been sick since last year.
    (   )

4. My father has studied English for thirty years.
    (   )

5. He has already left the library.
    (   )

6. We have visited Kyoto ten times.
    (   )

7. My mother has worked for the company for ten years.
    (   )

8. He has run the Tokyo Marathon before.
    (   )

9. I have been busy since last week.
    (   )

10. My sister has never drunk coffee.
    (   )

Words & Phrases

□ train：電車　□ station：駅　□ violinist：バイオリン奏者　□ sick：病気の

□ last year：去年　□ thirty：30　□ visit A：A を訪れる　□ ten：10

□ work for A：A に勤める　□ company：会社　□ run a marathon：マラソンに出場する

□ busy：忙しい　□ last week：先週

🔔 現在完了進行形

> 7 現在完了進行形〈have + been + (V)-ing〉は〈継続〉を強調する。
>
> 8 意味は「(過去の一時点から現在まで)ずっと～し続けている」。
>
> (h) I have been reading the novel for four hours.
>
> 　(私は4時間ずっとその小説を読み続けている)
>
> (i) She has been playing the violin since this morning.
>
> 　(彼女は今朝からずっとバイオリンを弾き続けている)

　やや応用的な内容ですが、現在完了進行形というものがあります。この現在完了進行形は、その名のとおり、現在完了形〈have + been(be動詞の過去分詞形)〉と進行形〈be動詞 + (V)-ing〉がいっしょになった形です。この形は〈継続〉の意味合いを強調するもので、過去の一時点から現在に至るまでずっと動作が続いていることを表します。

🔔 過去完了形

> 9 過去完了形は過去の過去の出来事や状態が過去に影響を与えていることを示す。
>
> 10 過去完了形の意味もともに使われている語句からある程度判断できる。
>
> 〈完了・結果〉already(すでに)/ just(ちょうど)
>
> 〈経験〉never(一度も～ない)/ before A(Aの前に、Aよりも前に)
>
> 〈継続〉for A(Aの間、Aの期間)/ until A(Aまで)
>
> (j) I had already finished my homework when you came here.
>
> 　(あなたがここに来たとき、私は宿題をすでに終えていた)〈完了〉
>
> (k) I had met her before the meeting.
>
> 　(その会議の前に私は彼女に会ったことがあった)〈経験〉
>
> (l) He had lived in Tokyo for three years until then.
>
> 　(彼はそのときまで東京に3年間住んでいた)〈継続〉

　現在完了形の基準時が現在にあるのに対して、過去完了形の基準時は過去にあります。過去完了形の過去の基準時は、多くの場合、文中に示されます。上の例文では、それぞれ when you came here と before the meeting と until then によって、過去の基準時が示されています。before he visited me(彼が私を訪ねてくる前に)や until he visited me(彼が私を訪ねてくるまで)というように、before と until のあとに文が続くこともあります。

　現在完了形も過去完了形も完了形であることには変わりませんので、過去完了形のイメージとしては、以下の図解のように、**現在完了形の矢印を「過去の過去」から「過去」に向かう位置にスライドする**だけです。

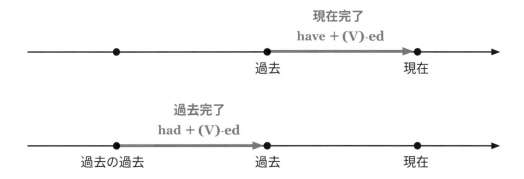

　現在完了は**過去の事実を含んでいて、それが今もある（have）という**ことを述べる**表現形式であることをふまえると、過去完了は過去の過去の事実を含んでいて、それが過去の一時点（過去の基準時）においてもあった（had）という**ことを述べる表現形式といえます。(j)の例文では、「宿題を終えた」という過去の過去の事実が「あなたがここに来た」時点においてもあったということが過去完了形によって表されています。

過去完了形の意味

〈完了・結果〉：（過去の一時点で）～したところだっ<u>た</u>、～してしまってい<u>た</u>、～し<u>た</u>
〈経験〉：（過去の一時点で）～したことがあっ<u>た</u>
〈継続〉：（過去の一時点で）～し（続け）てい<u>た</u>

　過去完了形の意味の判断はいっしょに使われている語句によってある程度まではできますが、現在完了形の場合に比べると、文脈を考えて判断する必要があります。
　なお、一文のなかに過去完了形と過去形が同時に使われている場合、**過去完了形は過去形が表す過去のことよりもさらに過去のこと（大過去）を表します。**

　㎜ I had already finished dinner when you called me.
　　（あなたが私に電話をくれたとき、私はもう夕食を済ませていた）

過去形の called と過去完了形の had finished がありますが、過去完了形の had finished のほうがより過去のことを表しています。このように**過去完了形は動詞の時間的な前後関係をはっきりさせてくれる**ことも頭に入れておくと、過去完了形の理解に役立つかと思います。

Step｜基礎問題

過去の一時点がどのように示されているかに注意しつつ、次の英文を和訳しなさい。

11. The train had already left when we arrived at the station.

    (　　　　　　　　　　　　　　　　　　　　　　　　　　　　　　　)

12. Her grandmother had never used a smartphone before that.

    (　　　　　　　　　　　　　　　　　　　　　　　　　　　　　　　)

13. My friend had lived in Paris until last month.

    (　　　　　　　　　　　　　　　　　　　　　　　　　　　　　　　)

14. The meeting had just begun when I arrived at the office.

    (　　　　　　　　　　　　　　　　　　　　　　　　　　　　　　　)

15. He had studied English for two hours until then.

    (　　　　　　　　　　　　　　　　　　　　　　　　　　　　　　　)

受動態：基本

　write, read, use などといった行為を考えてみると、その行為を行う側の立場とその行為を受ける側の立場があります。これまでに学習してきた英文は基本的にすべて行為を行う側の立場に立ったものです。

　この行為を行う側の立場に立った文の動詞の形を能動態といいます。それに対して、**行為を受ける側の立場に立った文の動詞の形を受動態（受け身）といいます。能動態と受動態では視点が違う**のです。

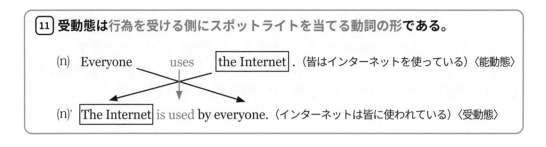

11 受動態は**行為を受ける側にスポットライトを当てる動詞の形**である。

(n)　Everyone　　　uses　　　the Internet .（皆はインターネットを使っている）〈能動態〉

(n)'　The Internet is used by everyone.（インターネットは皆に使われている）〈受動態〉

Words & Phrases

□ when 文：〜するとき　※ when we arrived at the station：私たちが駅に着いたとき

□ before that：それ以前に（は）　□ live in A：A に住む　□ Paris：パリ

□ last month：先月　□ begin：始まる　□ office：会社、オフィス

□ two hours：2 時間

①能動態の動詞の後にある名詞（目的語）を受動態の文の主語にする。

②能動態の動詞を受動態の基本形の〈be 動詞＋ (V)-ed〉に変える。

③ by のあとに能動態の文の主語を置く。

　能動態の文から受動態の文をつくるには、このような手順をふみます。受動態〈be 動詞＋ (V)-ed〉は「〜される、〜されている」という意味を表します。また、そのあとに by A（Aによって）と続けることによって、その動詞の行為の動作主を示します。ただ、受動態は行為を受ける側に焦点を当てる言い方ですので、下の例文のように動作主が不特定の人であったり、特定できなかったり、文脈から明らかであったりする場合には示されないこともあります。

(o) People speak English in Canada.（人々はカナダでは英語を話す）

　→ English is spoken in Canada.（カナダでは英語が話されている）

(p) They built Tokyo Tower in 1958.（彼らは 1958 年に東京タワーを建てた）

　→ Tokyo Tower was built in 1958.（東京タワーは 1958 年に建てられた）

Step｜基礎問題

行為を受ける側にスポットライトが当たっていることを意識して英文を和訳しなさい。

16. This textbook is used by many people.

（　　　　　　　　　　　　　　　　　　　　　　　　　　　　　　　　　）

17. This cake was made by my mother.

（　　　　　　　　　　　　　　　　　　　　　　　　　　　　　　　　　）

18. The play was written by Shakespeare.

（　　　　　　　　　　　　　　　　　　　　　　　　　　　　　　　　　）

19. The music was composed by Chopin.

（　　　　　　　　　　　　　　　　　　　　　　　　　　　　　　　　　）

20. The light bulb was invented by Edison.

（　　　　　　　　　　　　　　　　　　　　　　　　　　　　　　　　　）

Words & Phrases

□ Canada：カナダ　□ build A：Aを建てる　□ tower：塔、タワー　□ cake：ケーキ

□ play：劇　□ Shakespeare：シェイクスピア　□ compose A：Aを作曲する

□ Chopin：ショパン　□ light bulb：電球　□ invent A：Aを発明する

□ Edison：エジソン

🔊 受動態を用いた慣用表現

> **12** **by 以外の前置詞を用いる受動態の慣用表現がある。**
>
> **be covered with A**（Aでおおわれている）
>
> **be filled with A**（Aでいっぱいである、Aで満たされる）
>
> **be made of A**（Aでできている）
>
> **be made from A**（Aからつくられている）
>
> **be known to A**（Aに知られている）
>
> (q) The mountain was covered with snow.（その山は雪でおおわれていた）
>
> (r) Her eyes were filled with tears.（彼女の目は涙でいっぱいだった）
>
> (s) The actor is known to everyone.（その俳優は皆に知られている）

　受動態を用いた表現のなかには by 以外の前置詞を使う慣用表現があります（前置詞とは名詞の前に置くことばのことで、上の例でいえば with, of, from, to が前置詞にあたります）。使われる前置詞はさまざまで意味や内容によって選ばれているのですが、どの表現も受動的な意味を共通してもっています。これらはよく使われる表現ですので、まとめて覚えてしまうとよいでしょう。

🔊 感情や心理を表す表現

> **13** **感情や心理を表す表現に受動態が用いられることがある。**
>
> **be excited at [about] A**（Aに興奮する、Aにわくわくする）
>
> **be surprised at [by] A**（Aに驚く）
>
> **be interested in A**（Aに興味がある）
>
> **be pleased with A**（Aに喜んでいる、Aを気に入っている）
>
> **be satisfied with A**（Aに満足している）
>
> (t) The audience was exited at his performance.（聴衆は彼の演奏にわくわくした）
>
> (u) My friend is interested in Japanese history.（私の友人は日本史に興味がある）
>
> (v) We were satisfied with the result.（私たちはその結果に満足した）

　どの表現も能動的な意味を表しているのに、なぜ受動態が用いられているのかと疑問に思ったかもしれません。これらの表現に受動態が使われている理由は、**能動態の文で excite, surprise, interest などの感情や心理を表す動詞を用いる場合、動詞の目的語の位置に〈人〉がくるからです。**

　ここで、あらためて基本に戻って、能動態の文を受動態の文にする手順を思い出してみましょう。能動態の文において動詞の後にある目的語は、受動態の文ではどの位置に

置かれるのでしょうか？　受動態の文では動詞の前の主語の位置に置かれるのでした。
これをふまえると、能動態の文で動詞の目的語の位置に〈人〉がくるということは、受
動態の文では主語の位置に〈人〉がくることになります。

　(t),(u),(v)の例文とそれぞれの基となっている能動態の文の両方を以下に挙げますの
で、能動態の文の目的語が受動態の文の主語になっていることを確認してください。

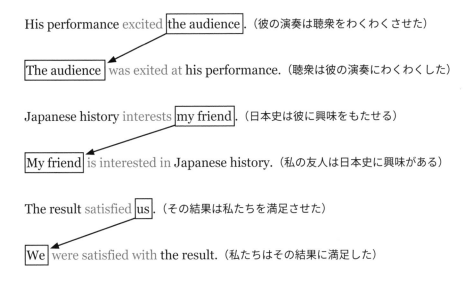

His performance excited the audience.（彼の演奏は聴衆をわくわくさせた）

The audience was exited at his performance.（聴衆は彼の演奏にわくわくした）

Japanese history interests my friend.（日本史は彼に興味をもたせる）

My friend is interested in Japanese history.（私の友人は日本史に興味がある）

The result satisfied us.（その結果は私たちを満足させた）

We were satisfied with the result.（私たちはその結果に満足した）

このように、もともとの能動態の文では目的語の位置に〈人〉がくることから、〈人〉
が主語となる be excited at A をはじめとした感情や心理を表す表現には受動態が用いら
れるのです。

Jump｜レベルアップ問題

21 〜 23 は与えられた語句を適切な語順に並べかえ、24 〜 30 は英文を和訳しなさい。
※ Words & Phrases は p. 63 に掲載。

21. 〔made / in public / she / never / a speech / has〕.
    (彼女は人前でスピーチをしたことがない)
    (　　　　　　　　　　　　　　　　　　　　　　　　　　　　　　　　　　)

22. 〔 by / our teacher / respected / many students / is 〕.
    (私たちの先生はたくさんの生徒たちに尊敬されている)
    (　　　　　　　　　　　　　　　　　　　　　　　　　　　　　　　　　　)

23. 〔 his sudden death / we / surprised / at / were 〕.
    (私たちは彼の突然の死に驚いた)
    (　　　　　　　　　　　　　　　　　　　　　　　　　　　　　　　　　　)

24. I have never been to a foreign country.
    (　　　　　　　　　　　　　　　　　　　　　　　　　　　　　　　　　　)

25. This container is made of plastic.
    (　　　　　　　　　　　　　　　　　　　　　　　　　　　　　　　　　　)

26. This survey was given to second-year students at the high school.
    (　　　　　　　　　　　　　　　　　　　　　　　　　　　　　　　　　　)

27. The big bell is called Big Ben.
    (　　　　　　　　　　　　　　　　　　　　　　　　　　　　　　　　　　)

28. Lake Tazawa in Akita Prefecture is surrounded by beautiful nature. 〈高認 R. 3-2〉
    (　　　　　　　　　　　　　　　　　　　　　　　　　　　　　　　　　　)

29. She has been studying history for two years now. 〈高認 H. 30-1〉
    (　　　　　　　　　　　　　　　　　　　　　　　　　　　　　　　　　　)

30. The week before, he had invited Patricia to a Shakespeare play. 〈高認 H. 30-1〉
    (　　　　　　　　　　　　　　　　　　　　　　　　　　　　　　　　　　)

解答・解説

基礎問題

問1：電車が駅にちょうど到着したところだ。

問2：彼女はそのバイオリン奏者に一度会ったことがある。

問3：私の友達は去年から病気だ。

問4：私の父は30年間英語を勉強している。

問5：彼はすでに図書館を出発した。

問6：私たちは京都に10回訪れたことがある。

問7：私の母はその会社に10年間勤めている。

問8：彼は以前に東京マラソンに出場したことがある。

問9：私は先週から忙しい。

問10：私の妹［姉］は一度もコーヒーを飲んだことがない。

問11：私たちが駅に到着したとき、電車はすでに出発してしまっていた。

問12：彼女の祖母はそれ以前にスマートフォンを一度も使ったことがなかった。

問13：私の友達は先月までパリに住んでいた。

問14：私が会社に着いたとき、会議がちょうどはじまったところだった。

問15：彼はそのときまで2時間英語を勉強していた。

問16：この教科書は多くの人々に使われている。

◆ Many people use this textbook. という能動態の文の目的語 this textbook を主語として受動態にしたのがこの文です。

問17：このケーキは私の母によってつくられた。

◆ My mother made this cake. という能動態の文の目的語 this cake を主語として受動態にしたのがこの文です。

問18：その劇はシェイクスピアによって書かれた。

◆ Shakespeare wrote the play. という能動態の文の目的語 the play を主語として受動態にしたのがこの文です。

問19：その音楽はショパンによって作曲された。

◆ Chopin composed the music. という能動態の文の目的語 the music を主語として受動態にしたのがこの文です。

問20：電球はエジソンによって発明された。

◆ Edison invented the light bulb. という能動態の文の目的語 the light bulb を主語として受動態にしたのがこの文です。

問 21 : She has never made a speech in public.

◆have / has と (V)-ed がある場合には、これらを組み合わせて現在完了形がつくれないかと考えましょう。never は have / has の直後に置きます。〈前置詞＋名詞〉には、動詞を詳しく説明するはたらきがあります。in public は動詞 make を詳しく説明しています。「人前でスピーチをする」というように〈様態〉（どのように）に関する詳細が加えられています。

問 22 : Our teacher is respected by many students.

◆am / is / are / was / were と (V)-ed がある場合には、これらを組み合わせて受動態がつくれないかと考えましょう。

問 23 : We were surprised at his sudden death.

◆am / is / are / was / were と (V)-ed がある場合には、これらを組み合わせて受動態がつくれないかと考えるのもいいですが、be surprised at [by] A（Aに驚く）という表現を覚えておくことが望ましいです。

問 24 : 私は外国に一度も行ったことがない。

◇have been to A（Aに行ったことがある）は、現在完了形の一種の慣用表現として考えてそのまま覚えてください。〈経験〉の意味を表します。

問 25 : この入れ物はプラスチックでできている。

◆is made とありますので受動態ですが、be made of A（Aでできている）という表現を覚えておくことが望ましいです。

◇be made of A（Aでできている）と be made from A（Aからつくられている）のAには、どちらも〈材料〉が入ります。質的な変化をせず、見た目からしてその材料がすぐにわかる場合には be made of A が用いられ、質的な変化をしていて、見た目からはその材料がすぐにはわからない場合には be made from A が用いられます。

問 26 : この調査はその高校の2年生の生徒たち（を対象）に行われた。

◆was given とありますので受動態です。(They) gave this survey to second-year students at the high school. という能動態の文の目的語 this survery を主語として受動態にしたのがこの文です。〈前置詞＋名詞〉には、直前の名詞を詳しく説明するはたらきがあります。at the high school はその例で、直前の名詞 students を詳しく説明しています。これをふまえて、students at the high school は「その高校の生徒たち」と訳します。

問27：その大きな鐘はビッグ・ベンと呼ばれている。

◆is called とありますので受動態です。（They）call the big bell Big Ben. という能動態の文の目的語 the big bell を主語として受動態にしたのがこの文です。

問28：秋田県の田沢湖は美しい自然に囲まれている。

◆is surrounded とありますので受動態ですが、be surrounded by [with] A（Aに囲まれている）という表現を覚えておくことが望ましいです。〈前置詞＋名詞〉には、直前の名詞を詳しく説明するはたらきがあります。in Akita Prefecture はその例で、直前の名詞 Lake Tazawa を詳しく説明しています。これをふまえて、Lake Tazawa in Akita Prefecture は「秋田県（のなか）の田沢湖」と訳します。

問29：今、彼女は２年間ずっと歴史を勉強し続けている。

◆has been studying とありますので現在完了進行形です。現在完了進行形は、〈継続〉の意味合いを強調します。

問30：その前の週、彼はパトリシアをシェイクスピアの劇に招待した。

◆had invited とありますので過去完了形です。文脈から切り離してしまっているのでわかりにくいですが、この過去完了形は動作の時間的な前後関係を明確にするために用いられています。「その」というのが過去の基準時で、「招待した」のはそれよりも前だということを過去完了形が示しています。このような用法の場合、意味の手掛かりとなる語句がなければ、「～した」と訳します。

🏷 **Words & Phrases**

□ make a speech：スピーチをする、演説する　□ in public：人前で
□ respect A：Aを尊敬する　□ sudden：突然の　□ death：死、死亡
□ have been to A：Aに行ったことがある　□ foreign：外国の　□ country：国
□ container：入れ物、容器　□ plastic：プラスチック、ビニール
□ give a survey to A：A（を対象）に調査を行う
□ second-year student：２年生の生徒　□ at the high school：その高校の
□ big：大きい　□ bell：鐘、ベル　□ call A B：AをBと呼ぶ
□ Big Ben：ビッグベン（英国国会議事堂の時計塔にある鐘）　□ Lake Tazawa：田沢湖
□ Akita Prefecture：秋田県　□ be surrounded by [with] A：Aに囲まれている
□ nature：自然　□ the week before：その前の週　□ invite A to B：AをBに招待する

Lesson 6　不定詞・動名詞

いよいよ第1章の山場です。動詞の形と性質を残しながらも、いわゆる動詞ではないのが不定詞と動名詞です。謎めいた言い方かもしれませんが、この意味がわかるようになれば英語の理解がぐっと進んだ証拠になるので、がんばっていきましょう！

Hop｜重要事項

 不定詞と動名詞

さっそくですが、冒頭の謎めいた言い方の謎解きをしましょう。

(a) To learn history is important.（歴史を学ぶことは大切だ）

(b) Learning history is important.（歴史を学ぶことは大切だ）

(c) I like to drink tea in a tearoom.（私は喫茶店で紅茶を飲むことが好きだ）

(d) I like drinking tea in a tearoom.（私は喫茶店で紅茶を飲むことが好きだ）

上の例文の to learn や to drink のような〈**to ＋動詞の原形**〉の形を**不定詞**といい、learning や drinking のような〈**(V)-ing**〉の形を**動名詞**といいます。このように不定詞も動名詞も動詞の一種の変化形ですから、動詞の形を残しているのは一目瞭然です。

次に、動詞の性質を残しているという点は、下のように**動詞の目的語や動詞を詳しく説明する部分もいっしょに引き連れて不定詞や動名詞のまとまりをつくることができる**ところにあらわれています。

I |learn history|.　　　　　I |drink tea in a tearoom|.
（私は歴史を学ぶ）　　　　　（私は喫茶店で紅茶を飲む）
↓　　　　　　　　　　　　　↓
to learn history　　　　　　to drink tea in a tearoom
learning history　　　　　　drinking tea in a tearoom

最後の「いわゆる動詞ではない」というのは、**文の全体の意味を決める述語動詞ではない**という意味です。例文(a)と(b)の文全体の意味を決めているのは is です。例文(c)と(d)の文全体の意味を決めているのは like です。**不定詞と動名詞は必ず述語動詞以外の文の一部になるため**、(a)と(b)では主語、(c)と(d)では目的語となっています。

冒頭の「動詞の形と性質を残しながらも、いわゆる動詞ではない」ということばの背景にあったのは、こういうことだったのです。

不定詞と動名詞のポイント
①不定詞・動名詞は述語動詞以外の文の一部になる。
②基になっている動詞の使い方と意味を頼りに不定詞・動名詞のカタマリを捉える。
※厳密には、「to 不定詞」と「不定詞」は別物ですが、本書においては「不定詞」とあれば、〈to ＋動詞の原形〉のことであると考えてください。

不定詞

不定詞の基本形は〈to ＋動詞の原形〉ですが、これは最小単位で、実際には〈to ＋動詞の原形＋ほかの語句〉というカタマリで捉えることが大切です。そして、そのカタマリがどのような役割をして文の一部になっているのかを見極めなければなりません。

---

1 **不定詞のカタマリは名詞・形容詞・副詞のいずれかと同じ役割をする。**

(e) To study English is important.
（英語を勉強することは大切だ）〈名詞的用法〉

(f) This is the good way to study English .
（これが英語を勉強する良い方法だ）〈形容詞的用法〉　※ way を修飾している。

(g) I went abroad to study English .
（私は英語を勉強するために海外に行った）〈副詞的用法〉　※ went を修飾している。

不定詞のカタマリが名詞として使われているものを〈名詞的用法〉、形容詞として使われているものを〈形容詞的用法〉、副詞として使われているものを〈副詞的用法〉といいます。〈名詞的用法〉は文の一部として独立していますが、〈形容詞的用法〉と〈副詞的用法〉は文中のほかの語句と強いつながりをもっています。

具体的には、〈形容詞的用法〉と〈副詞的用法〉の不定詞のカタマリは、文中のほかの語句を修飾しています。修飾とは詳しく説明することです。つまり、〈形容詞的用法〉と〈副詞的用法〉のカタマリはほかの語句を詳しく説明するはたらきをしているのです。

〈形容詞的用法〉：　名詞を修飾する（詳しく説明する）
　　　　　　　　　構造：名詞 ←〈to ＋動詞の原形＋ほかの語句〉
〈副詞的用法〉：　動詞 or 形容詞を修飾する（詳しく説明する）
　　　　　　　　構造：動詞 or 形容詞 ←〈to ＋動詞の原形＋ほかの語句〉

　　形容詞が名詞を詳しく説明し、副詞が動詞あるいは形容詞を詳しく説明するということとは、不定詞だけに限ったことではありません。単語の単位での形容詞（「大きい」「美しい」「親切な」「幸せな」など）と名詞との関係、副詞（「大きく」「美しく」「親切に」「幸せに」など）と動詞との関係、副詞と形容詞との関係においても同じです。

例	修飾関係	和訳
a cute cat	〈形容詞〉cute（かわいい）→〈名詞〉cat（猫）	かわいい猫
a happy life	〈形容詞〉happy（幸せな）→〈名詞〉life（生活）	幸せな生活
move slowly	〈副詞〉slowly（ゆっくりと）→〈動詞〉move（動く）	ゆっくりと動く
live happily	〈副詞〉happily（幸せに）→〈動詞〉live（暮らす）	幸せに暮らす
very slow	〈副詞〉very（とても）→〈形容詞〉slow（遅い）	とても遅い

🔎 不定詞の名詞的用法

> **2** 〈名詞的用法〉は**主語・目的語・補語のはたらきをする。**
>
> (h) 　To tell a lie 　is wrong.
> 　　　（嘘をつくことは間違っている）※ to tell a lie は主語。
>
> (i) He promised 　not to tell a lie 　.
> 　　　（彼は嘘をつかないことを約束した）※ not to tell a lie は目的語。
>
> (j) His fault is 　to tell a lie 　.
> 　　　（彼の欠点は嘘をつくことだ）※ to tell a lie は補語。

　　不定詞の〈名詞的用法〉は**「〜すること」と訳すのが基本**です。不定詞の〈名詞的用法〉は主語・目的語・補語のはたらきをしますが、これは**不定詞の位置（語順）を基準に判断する**ことが可能です。

　　述語動詞の前にある　　　　　　　＝ **主語**（〜することは、〜することが）
　　述語動詞の後にある　　　　　　　＝ **目的語**（〜することを、〜することに）
　　述語動詞の be 動詞の後にある　　　＝ **補語**

補語とは、be 動詞の前後をそれぞれ A と B とすると、〈A は B だ〉〈A は B である〉の B にあたる部分をいいます。

　　不定詞の否定形は〈**not + to +動詞の原形**〉というように to の前に not を置きます。この語順は不定詞のどの用法でも同じです。not を動詞の原形の前に置かないよう語順に注意してください。

Step | 基礎問題

不定詞のカタマリを意識しながら、次の英文を和訳しなさい。

1. To speak in public is difficult.
   ( )

2. He likes to run in the park .
   ( )

3. My dream is to live in a foreign country .
   ( )

4. She decided to study abroad .
   ( )

不定詞の形容詞的用法

> **3** 〈形容詞的用法〉は後ろから直前の名詞を修飾する。
>
> (k) My father has a lot of work to finish this evening .
>   （私の父は今晩終えなければならない仕事がたくさんある）※ work を修飾している。
>
> (l) I want something to eat .
>   （私は食べる［ための］ものがほしい）※ something を修飾している。
>
> (m) My sister has a lot of friends to help her .
>   （私の姉には彼女を助けてくれる友達がたくさんいる）※ friends を修飾している。

不定詞の〈形容詞的用法〉は「〜すべき」「〜するための」と訳すことも多いですが、(m)のように「〜する」とそのまま直前の名詞にかけて訳すほうがよいこともあります。

〈形容詞的用法〉の大事なポイントは、〈名詞＋ to ＋動詞の原形〉という語順になることです。**日本語とは逆で、後ろから前の名詞を詳しく説明します。**

work ← to finish this evening	⇔	今晩終えなければならない → 仕事
something ← to eat	⇔	食べる［ための］ → もの
friends ← to help her	⇔	彼女を助けてくれる → 友達

Words & Phrases

□ difficult：難しい □ park：公園 □ dream：夢
□ decide A：Aを決める、Aを決定する □ study abroad：留学する

🖋 不定詞の副詞的用法

> **4** 〈副詞的用法〉は動詞か形容詞を修飾する。
>
> (n) She <u>went</u> to the library │ to study English │.
> 　　（英語を勉強するために、彼女は図書館に行った）※ went を修飾している。
>
> (o) My friend was <u>happy</u> │ to hear my news │.
> 　　（私の友達は私の知らせを聞いてうれしく思った）※ happy を修飾している。
>
> (p) His lesson is <u>easy</u> │ to understand │.
> 　　（彼の授業は理解しやすい［理解するのが容易だ］）※ easy を修飾している。

　不定詞の〈副詞的用法〉は、動詞を修飾する場合には、「〜するために」と訳すのが**基本**です。形容詞を修飾する場合には、「〜して（…だ）」または「〜するのが（…だ）」と訳します。

<u>went</u> ←	to study English	⇔	英語を勉強するために	→ <u>行った</u>
<u>happy</u> ←	to hear my news	⇔	私の知らせを聞いて	→ <u>うれしい</u>
<u>easy</u> ←	to understand	⇔	理解するのが	→ <u>容易だ</u>

(n)の不定詞のカタマリは動詞 went を修飾し、went という行為の目的を詳しく説明しています。(o)の不定詞のカタマリは形容詞 happy を修飾し、happy という感情の原因を詳しく説明しています。(p)の不定詞のカタマリは形容詞 easy を修飾し、何が easy なのかということを詳しく説明しています。

　(q) He is <u>stupid</u> │ to say such a thing │.（そんなことをいうなんて彼はバカだ）

この例文のように、不定詞のカタマリが形容詞を修飾する場合、「〜するとは（…だ）、〜するなんて（…だ）」と判断の根拠を詳しく説明することもあります。

　不定詞の〈副詞的用法〉には、このようにさまざまな使い方があるので、目的の意味を明確にするために〈**in order to ＋動詞の原形**〉（〜するために）という表現を用いることもあります。

Words & Phrases

☐ stupid：馬鹿な、愚かな　☐ such a thing：そんなこと

Step | 基礎問題

_____ は不定詞が修飾している語句である。これを参考に次の英文を和訳しなさい。

5. He wanted something | to drink |.
   (   )

6. My brother got a chance | to study abroad |.
   (   )

7. I bought a present | to give my friend |.
   (   )

8. We got up early | to go on a picnic |.
   (   )

9. I am glad | to see you again |.
   (   )

10. Your report is difficult | to read |.
    (   )

不定詞を目的語にとる動詞

> **5 不定詞〈to ＋動詞の原形〉のみを目的語にとる動詞がある。**
>
> **want to do**（〜したい）/ **decide to do**（〜することを決める）
>
> **promise to do**（〜することを約束する）/ **hope to do**（〜することを望む）
>
> **plan to do**（〜することを計画する）/ **choose to do**（〜することを選ぶ）
>
> **offer to do**（〜することを申し出る）/ **learn to do**（〜するようになる）
>
> ※ to do ＝ to ＋動詞の原形

　数ある動詞のなかには、不定詞だけを目的語にとる動詞があります。これらの動詞の多くは**未来的な意味合い**や**ポジティブな意味合い**をもつ傾向にありますが、そうでない動詞もあります。よく使われる表現ですので、このまままとめて覚えましょう。

Words & Phrases

□ want A：Aがほしい　□ something：何かあるもの　□ chance：機会

□ get up：起きる　□ early：早く　□ go on a picnic：ピクニックに行く

□ glad：うれしい　□ see A：Aに会う　□ again：また、再び

□ report：報告書、報告、レポート

🖋 動名詞

　動名詞は、その名のとおり、動詞と名詞の性質をもっています。動詞の性質を残しているので、〈(V)-ing ＋ほかの語句〉というカタマリで捉えることが重要である点は不定詞と同様です。しかし、動名詞は**名詞としての性質が強い**ために名詞としての用法しかありません。

---

6 動名詞は主語・目的語・補語・前置詞の目的語のはたらきをする。

(r) [Seeing] is [believing].

　（見ることは信じることだ＝百聞は一見に如かず）※ seeing は主語で、believing は補語。

(s) We enjoyed [going to the amusement park].

　（私たちはその遊園地に行って楽しんだ）※ going to ～ park は全体で目的語。

(t) She is good at [speaking English].

　（彼女は英語を話すことが得意だ）※ speaking English は全体で前置詞 at の目的語。

　動名詞も不定詞の〈名詞的用法〉と同じように主語・目的語・補語のはたらきをします。動名詞に特徴的なのは**前置詞の目的語**のはたらきをすることです。前置詞は名詞の前に置くことばのことです。(t)のように前置詞の後に動名詞がくることが許されているのは、それほどに名詞の性質が強いからだと考えてもいいでしょう。

🖋 〈前置詞＋(V)-ing〉

---

7 〈前置詞＋(V)-ing〉でよく用いられる慣用表現に次のものがある。

by doing（～することによって）/ **without doing**（～することなしに、～せずに）

be good at doing（～するのが得意だ、上手だ）

be interested in doing（～することに興味がある）

look forward to doing（～することを楽しみにする）

thank you for doing（～することに感謝する、～してくれてありがとう）

How about doing?（～するのはどうか？）

※ doing ＝動名詞

　先ほども記したように、動名詞は前置詞の目的語としてのはたらきもします。これは**不定詞にはなく動名詞にのみある特徴**です。下線を引いた部分が前置詞ですが、これらはよく使われる表現ですので、〈前置詞＋(V)-ing〉の部分だけではなく表現全体をまとめて覚えておきましょう。

🔖 動名詞を目的語にとる動詞

> **8** 動名詞 〈(V)-ing〉のみを目的語にとる動詞がある。
>
> **mind doing**（〜するのを気にする）/ **give up doing**（〜することをあきらめる）
> **finish doing**（〜するのを終える）/ **avoid doing**（〜することを避ける）
> **enjoy doing**（〜することを楽しむ）/ **suggest doing**（〜することを提案する）
> **imagine doing**（〜することを想像する）

　不定詞だけを目的語にとる動詞があるのに対して、動名詞だけを目的語にとる動詞もあります。これらの動詞は一般的に**過去的な意味合い**や**ネガティブな意味合い**をもっています。ただ、そのような意味合いをもっていない動詞もありますので、一つひとつ覚えていくようにしてください。

🔨 Step | 基礎問題

不定詞と同様に動名詞のカタマリを意識しながら、次の英文を和訳しなさい。

11. Thank you for | helping me |.
　（　　　　　　　　　　　　　　　　　　　　　　　　　　）

12. He is interested in | studying abroad |.
　（　　　　　　　　　　　　　　　　　　　　　　　　　　）

13. Her hobby is | playing the violin |.
　（　　　　　　　　　　　　　　　　　　　　　　　　　　）

14. My brother went to school without | eating breakfast |.
　（　　　　　　　　　　　　　　　　　　　　　　　　　　）

15. My father gave up | smoking | last year.
　（　　　　　　　　　　　　　　　　　　　　　　　　　　）

> 🏷 **Words & Phrases**
>
> □ hobby：趣味　□ smoke：たばこを吸う

🔔 不定詞と動名詞：応用

> ⑨ 語句を加えることで**意味上の主語**を示すことができる。
> 不定詞は〈for A〉を〈to ＋動詞の原形〉の前に加える。
> →〈**for A** ＋ **to** ＋動詞の原形〉
> 動名詞は〈**所有格**〉を〈(V)-ing〉の前に加える。
> →〈**所有格**＋ (V)-ing〉　※〈目的格＋ (V)-ing〉となる場合もある。
>
> (u) School is the place 　for children to learn 　.
> 　　（学校は子どもたちが学ぶための場所だ）
>
> (v) I was surprised at 　his speaking French 　.
> 　　（私は彼がフランス語を話したことに驚いた）

　不定詞も動名詞も動詞的性質を残していますから、必要に応じてその動詞の主語を示すことができます。しかし、不定詞も動名詞も述語動詞ではありませんから、上のように通常とは異なる方法で主語を示すことになります。

　このように**不定詞や動名詞の意味上の主語が示される**のは述語動詞とセットになる**構造上の主語とは異なる場合**です。具体的には、(u)の構造上の主語は school ですが、to learn するのは構造上の主語である school ではないので、意味上の主語が for children によって示されています。また、(v)の構造上の主語は I ですが、speaking するのは構造上の主語である I ではないので、意味上の主語が his によって示されています。

　不定詞の意味上の主語は〈for A〉で示されます。A は前置詞 for の目的語のため、**目的格**の形になります。対して、動名詞の意味上の主語は**所有格**の形で示されます。

> ⑩ **目的語**に動名詞をとるか不定詞をとるかで意味が異なる**動詞がある。**
> **remember** to do 　　：（これから）〜することを覚えている → 忘れずに〜する
> **remember** doing 　　：（これまでに）〜したことを覚えている
> **forget** to do 　　：（これから）〜することを忘れる
> **forget** doing 　　：（これまでに）〜したことを忘れる
> **try** to do 　　：〜しようと努める、〜しようとする
> **try** doing 　　：試しに〜してみる
>
> (w) Please remember 　to buy milk at the supermarket 　.
> 　　（スーパーマーケットで牛乳を忘れずに買ってください）※未来のこと
>
> (x) I remember 　buying milk at the supermarket 　.
> 　　（私はスーパーマーケットで牛乳を買ったことを覚えている）※過去のこと

　これまでに目的語に不定詞のみをとる動詞と動名詞のみをとる動詞を見てきましたが、不定詞と動名詞のどちらも目的語にとり、そのどちらが目的語になるかで意味が異なる動詞があります。このような動詞で覚えておいてほしいのは **remember, forget, try** の3つです。

　これらの表現の意味の覚え方のポイントは、不定詞と動名詞が本来もっている傾向を利用することです。不定詞はもともとこれから起こる事柄を表すのに対して、動名詞はもともとこれまでに起こった事柄を表します。つまり、

　　　不定詞〈to ＋動詞の原形〉：**未来のことを表す性質をもっている**
　　　動名詞〈(V)-ing〉：**過去のことを表す性質をもっている**

ということです。これをふまえて、remember to do は未来のことだから「忘れずに〜する」、remember doing は過去のことだから「〜したことを覚えている」というように考えて覚えておきましょう。ただし、try はそれぞれの性質を利用して覚えることはできませんので、これだけは別個に記憶してください。

Jump｜レベルアップ問題

16 ～ 18 は与えられた語句を適切な語順に並べかえ、19 ～ 25 は英文を和訳しなさい。
※ Words & Phrases は p. 77 に掲載。

16. 〔 five years ago / decided / his job / my father / to / retire from 〕.
（父は 5 年前に仕事を引退することを決意した）
(   )

17. 〔 seeing / look / again / you / I / to / forward 〕.
（またあなたにお会いするのを楽しみにしております）
(   )

18. 〔 suggested / at the newly-opened restaurant / she / lunch / having 〕.
（彼女は新しく開店したレストランで昼食をとることを提案した）
(   )

19. He began running in order to lose weight.
(   )

20. There are a lot of places to visit in Italy.
(   )

21. My grandmother sometimes forgets to take her medicine.
(   )

22. My grandmother sometimes forgets taking her medicine.
(   )

23. Humans show their thoughts and feelings by using gestures. 〈高認 R. 1-1 改〉
(   )

24. I'm going to the convenience store to get something to eat. 〈高認 H. 30-2 改〉
(   )

25. The new program was created for students to use English outside of classes.
〈高認 H. 29-1 改〉
(   )

解答・解説

基礎問題

問１：人前で話すことは難しい。

◆〈前置詞＋名詞〉には、動詞を詳しく説明するはたらきがあります。in public は動詞speakを詳しく説明しています。「人前で話す」というように〈様態〉（どのように）に関する詳細が加えられています。

問２：彼は公園で走ることが好きだ。

◆〈前置詞＋名詞〉には、動詞を詳しく説明するはたらきがあります。in the park は動詞 run を詳しく説明しています。「公園で走る」というように〈場所〉（どこ）に関する詳細が加えられています。

問３：私の夢は外国に住むことだ。

問４：彼女は留学することを決めた［決心した］。

問５：彼は何か飲むもの［飲み物］がほしい。

◆ to drink は代名詞 something を修飾している形容詞的用法です。

問６：私の兄［弟］は留学する機会を得た。

◆ to study abroad は名詞 chance を修飾している形容詞的用法です。

問７：私は友達にあげるプレゼントを買った。

◆ to give my friend は名詞 present を修飾している形容詞的用法です。

問８：私たちはピクニックに行くために早く起きた。

◆ to go on a picnic は動詞 get up（get up の２語で「起きる」という意味の熟語）を修飾している副詞的用法〈目的〉です。

問９：私はあなたにまた会えてうれしい。

◆ to see you again は形容詞 glad を修飾している副詞的用法〈感情の原因〉です。

問10：あなたの報告書は読みにくい［読むのが困難だ］。

◆ to read は形容詞 difficult を修飾している副詞的用法です。

◇このように to do（＝ to ＋動詞の原形）が easy や difficult を修飾している場合、easy や difficult が意味するのはある動作の「しやすさ」や「しにくさ」ですので、easy to do は「〜しやすい」、difficult to do は「〜しにくい」と覚えておくとよいでしょう。

問11：手伝ってくれてありがとう［私を手伝ってくれたことに感謝する］。

問12：彼は留学することに興味がある。

問13：彼女の趣味はバイオリンを弾くことだ。

問14：私の兄［弟］は朝食を食べずに学校に行った。

問15：私の父は昨年たばこを吸うのをやめた［禁煙した］。

レベルアップ 問題

問 16： **My father decided to retire from his job five years ago.**

◆ decided to do（〜することを決める）という表現を覚え、この語順に並べかえられるようにしておくことが望ましいです。five years ago は〈時〉（いつ）に関する詳細ですので、ふつうこの位置に置きます。

問 17： **I look forward to seeing you again.**

◆ look forward to doing（〜することを楽しみにする）という表現を覚え、この語順に並べかえられるようにしておくことが望ましいです。

問 18： **She suggested having lunch at the newly-opened restaurant.**

◆ suggest doing（〜することを提案する）という表現を覚え、この語順に並べかえられるようにしておくことが望ましいです。〈前置詞＋名詞〉には、動詞を詳しく説明するはたらきがあります。at the newly-opend restaurant は動詞 have を詳しく説明しています。「新しく開店したレストランでとる［食べる］」というように〈場所〉（どこ）に関する詳細が加えられています。

◇have には、「〜を持つ、持っている」という状態的な意味のほかに、「〜を食べる」「〜を飲む」という動作的な意味もあります。この用法は、eat や drink といった直接的な表現に比べて間接的で上品な表現とされています。

問 19： **彼は体重を落とすためにランニングをはじめた［走りはじめた］。**

◆ in order to do は「〜するために」という目的の意味を表します。

◇動詞のなかには、不定詞のみを目的語にとる動詞や動名詞のみを目的語にとる動詞がありますが、begin は不定詞と動名詞のどちらも目的語にとることができます。つまり、begin to do と begin doing の両方の形があるということです。形は異なりますが、意味はほぼ同じですので、どちらも「〜しはじめる」という意味だと考えて差し支えありません。このように不定詞と動名詞のどちらを目的語にしてもほぼ同じ意味を表す動詞は、begin のほかに like, love, start などがあります。

問 20： **イタリアには訪れるべき場所がたくさんある［たくさんの場所がある］。**

◆ to visit は名詞 places を修飾している形容詞的用法です。〈前置詞＋名詞〉には、動詞を詳しく説明するはたらきがあります。in Italy は動詞 are を詳しく説明しています。「イタリアにはある」というように〈場所〉（どこ）に関する詳細が加えられています。

問 21：私の祖母はときどき薬を飲むことを忘れる［飲み忘れる］（ことがある）。

◆forget は、目的語に不定詞をとる場合と動名詞をとる場合で意味が異なります。forget to do つまり目的語に不定詞をとる場合は、「〜することを忘れる」というように未来にある動作をすることを忘れるという意味を表します。

問 22：私の祖母はときどき薬を飲んだことを忘れる（ことがある）。

◆forget doing つまり目的語に動名詞をとる場合は、「〜したことを忘れる」というように過去にある動作を行ったことを忘れるという意味を表します。

問 23：人間は身振りを用いることによって（自分の）思考や感情を表す。

◆by doing は「〜することによって」という意味を表します。

問 24：私は何か食べるもの［食べ物］を買うためにコンビニに行く。

◆to eat は代名詞 something を修飾している形容詞的用法です。to get something to eat は動詞 go を修飾している副詞的用法〈目的〉です。am going to は go to の現在進行形で、近い未来の予定を表す用法です。この和訳に明確には現れていませんが、コンビニに行く準備等がすでに進行中であることが暗に示されています。

問 25：その新しいプログラムは生徒たちが授業時間以外に英語を使うためにつくられた。

◆to do の前に〈for A〉を置くことによって、不定詞の意味上の主語を表すことができます。for students to use で「生徒たちが使う」という意味関係を示しています。for students to use English outside of classes は動詞 create を修飾している副詞的用法〈目的〉です。（They）created the new program .... という能動態の文の目的語 the new program を主語として受動態にしたのがこの文です。

> **Words & Phrases**
>
> □ retire from A：Aを引退する、退職する　□ job：仕事　□ five years ago：5年前に
> □ have lunch：昼食をとる［食べる］　□ newly-opened：新しく開店した
> □ begin doing：〜しはじめる　□ lose weight：体重を落とす、やせる
> □ there is [are] A：Aがある、いる　□ a lot of A：多くのA、たくさんのA
> □ place：場所　□ visit：訪れる　□ sometimes：ときどき　□ take medicine：薬を飲む
> □ human：人間、ヒト　□ show A：Aを表す、示す　□ thought：思考、考え
> □ feeling：感情、気持ち　□ gesture：ジェスチャー、身振り　□ new：新しい
> □ convenience store：コンビニエンスストア　□ program：（教育のための）プログラム
> □ create A：Aを（新しく）つくる、つくり出す　□ student：学生、生徒
> □ outside of A：Aの外に［で］　□ class：授業（時間）

Lesson 7　否定文・疑問文

否定文と疑問文も新たに学ぶ文法事項ではありますが、これまでに学んできた内容がベースになります。ここまで学習してきたことを復習しつつ、とくに語順に注意して否定文と疑問文のつくり方を学んでいきましょう！

Hop｜重要事項

否定文と疑問文

　否定文は **not を使う**ことによって、また疑問文は**語順を変える**ことによってつくられます。どちらにも共通するポイントは、**助動詞も含めた述語動詞の部分に着目する**ことです。これから扱う例文を下に挙げますので、赤字部分に着目しつつざっと目を通しておいてください。

---

be 動詞　He is a high school student. （彼は高校生だ）

〈否〉He is not a high school student.　　　　〈疑〉Is he a high school student?

一般動詞・現在形　I play the violin every day. （私は毎日バイオリンを弾く）

〈否〉I do not play the violin every day.　　　〈疑〉Do you play the violin every day?

一般動詞・3 単現　She plays the violin every day. （彼女は毎日バイオリンを弾く）

〈否〉She does not play the violin every day.　　〈疑〉Does she play the violin every day?

一般動詞・過去形　She played the violin yesterday. （彼女は昨日バイオリンを弾いた）

〈否〉She did not play the violin yesterday.　　〈疑〉Did she play the violin yesterday?

助動詞　He can speak English. （彼は英語を話すことができる）

〈否〉He cannot speak English.　　　　　　　〈疑〉Can he speak English?

進行形　My mother is writing a letter. （母は手紙を書いている）

〈否〉My mother is not writing a letter.　　　〈疑〉Is my mother writing a letter?

受動態　The letter was written by my mother. （その手紙は母によって書かれた）

〈否〉The letter was not written by my mother.　〈疑〉Was the letter written by my mother?

完了形　I have finished my homework. （私は宿題を終えた）

〈否〉I have not finished my homework.　　　〈疑〉Have you finished your homework?

🔔 否定文

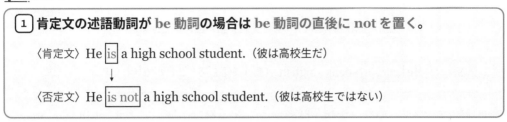

[1] **肯定文の述語動詞が be 動詞の場合は be 動詞の直後に not を置く。**

〈肯定文〉He is a high school student.（彼は高校生だ）

↓

〈否定文〉He is not a high school student.（彼は高校生ではない）

　述語動詞が be 動詞の否定文の型は〈主語＋ be 動詞＋ not ＋〜〉です。be 動詞と not がいっしょになって縮まる短縮形があります。具体的には、are not ＝ **aren't**, is not ＝ **isn't**, was not ＝ **wasn't**, were not ＝ **weren't** の４つを覚えておきましょう。短縮形はとくに会話などの話し言葉によく使われます。

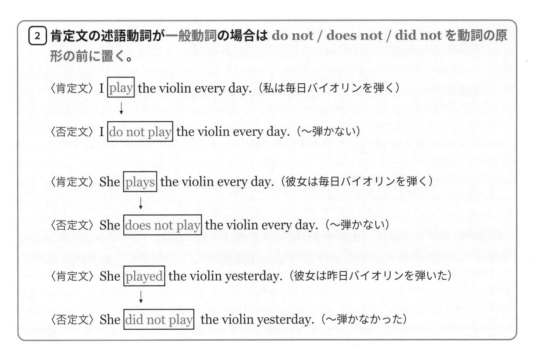

[2] **肯定文の述語動詞が一般動詞の場合は do not / does not / did not を動詞の原形の前に置く。**

〈肯定文〉I play the violin every day.（私は毎日バイオリンを弾く）

↓

〈否定文〉I do not play the violin every day.（〜弾かない）

〈肯定文〉She plays the violin every day.（彼女は毎日バイオリンを弾く）

↓

〈否定文〉She does not play the violin every day.（〜弾かない）

〈肯定文〉She played the violin yesterday.（彼女は昨日バイオリンを弾いた）

↓

〈否定文〉She did not play the violin yesterday.（〜弾かなかった）

　述語動詞が一般動詞の否定文の型は〈主語＋ do / does / did ＋ not ＋動詞の原形〉です。be 動詞とは異なり、一般動詞の直後には not を置くことはできないので、do / does / did の助けを借りて、この後に not を置きます。**do, does, did は助動詞の一種と考えられる**ため、do not, does not, did not の後には**動詞の原形**が続きます。

　do, does, did の使い分けについては、主語が he, she, it などの３人称単数で述語動詞が現在形の場合は does を、主語に関係なく述語動詞が過去形の場合は did を、それ以外の場合は do を使います。does は plays の３人称単数現在形の語尾を、did は played の過去形の語尾をヒントにすると覚えやすいでしょう。do / does / did と not の短縮形は、それぞれ **don't, doesn't, didn't** です。

> **3** 肯定文に助動詞が使われている場合は助動詞の直後に not を置く。
>
> 〈肯定文〉He can speak English.（彼は英語を話すことができる）
>
> ↓
>
> 〈否定文〉He cannot speak English.（彼は英語を話すことができない）

　助動詞の否定文の型は〈主語＋助動詞＋ not ＋動詞の原形〉です。will, can, may などの助動詞が使われている場合は、助動詞の直後に not を置きます。短縮形は、will not = **won't**, can not = **can't** または **cannot**, should not = **shouldn't**, would not = **wouldn't**, could not = **couldn't** の6つを覚えておいてください。

> **4** 進行形と受動態の場合は be 動詞の直後に not を置く。
>
>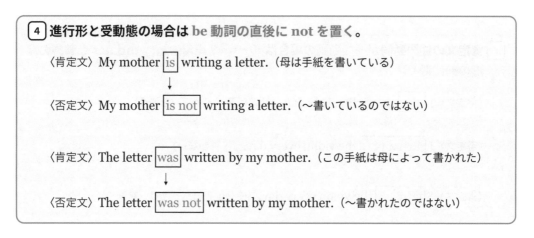
>
> 〈肯定文〉My mother is writing a letter.（母は手紙を書いている）
>
> ↓
>
> 〈否定文〉My mother is not writing a letter.（～書いているのではない）
>
> 〈肯定文〉The letter was written by my mother.（この手紙は母によって書かれた）
>
> ↓
>
> 〈否定文〉The letter was not written by my mother.（～書かれたのではない）

　進行形の否定文の型は〈主語＋ be 動詞＋ not ＋ (V)-ing〉、受動態の否定文の型は〈主語＋ be 動詞＋ not ＋ (V)-ed〉です。be 動詞の否定文と同様に、be 動詞の直後に not を置きます。

> **5** 完了形の場合は have / has / had の直後に not を置く。
>
>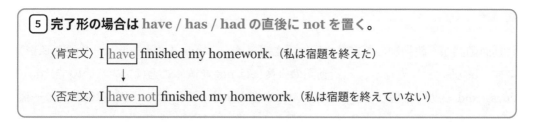
>
> 〈肯定文〉I have finished my homework.（私は宿題を終えた）
>
> ↓
>
> 〈否定文〉I have not finished my homework.（私は宿題を終えていない）

　完了形の否定文の型は〈主語＋ have / has / had ＋ not ＋ (V)-ed〉です。短縮形は have not = **haven't**, has not = **hasn't**, had not = **hadn't** を覚えておきましょう。

Step | **基礎問題**

否定文の型を確認しながら、次の英文を和訳しなさい。

1. She isn't a tour guide.

   ( )

2. They weren't nervous.

   ( )

3. He doesn't like spicy food.

   ( )

4. We didn't want to study mathematics.

   ( )

5. My mother won't help me with my homework.

   ( )

6. I can't find my glasses.

   ( )

7. You shouldn't smoke here.

   ( )

8. Her brother couldn't solve the problem.

   ( )

9. She wasn't listening to the radio.

   ( )

10. I haven't arrived at the restaurant yet.

   ( )

Words & Phrases

□ tour guide：観光ガイド　　□ nervous：緊張して、不安で　　□ spicy：香辛料の効いた
□ help A with B：AのBを手伝う　　□ here：ここで、ここに、ここへ
□ solve A：Aを解く、解決する　　□ problem：問題　　□ radio：ラジオ

疑問文

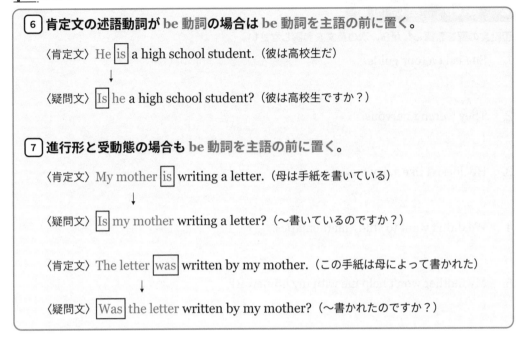

6 肯定文の述語動詞が be 動詞の場合は be 動詞を主語の前に置く。

〈肯定文〉 He is a high school student.（彼は高校生だ）

〈疑問文〉 Is he a high school student?（彼は高校生ですか？）

7 進行形と受動態の場合も be 動詞を主語の前に置く。

〈肯定文〉 My mother is writing a letter.（母は手紙を書いている）

〈疑問文〉 Is my mother writing a letter?（～書いているのですか？）

〈肯定文〉 The letter was written by my mother.（この手紙は母によって書かれた）

〈疑問文〉 Was the letter written by my mother?（～書かれたのですか？）

　述語動詞が be 動詞の疑問文の文頭は〈be 動詞＋主語〉で、進行形の疑問文の文頭は〈be 動詞＋主語＋ (V)-ing〉で、受動態の疑問文の文頭は〈be 動詞＋主語＋ (V)-ed〉ではじまります。

　この3つは同じパターンで、**be 動詞を主語の前に置くことによって疑問文をつくる**ことができます。be 動詞が主語の前に移動するので、主語と be 動詞の語順が入れ替わることに注意してください。疑問文は、このような**文頭の語順の変化を正確に覚える**ことが重要です。

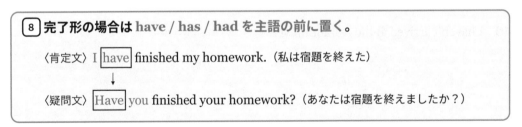

8 **完了形の場合は have / has / had を主語の前に置く。**

〈肯定文〉 I have finished my homework.（私は宿題を終えた）

〈疑問文〉 Have you finished your homework?（あなたは宿題を終えましたか？）

　完了形の疑問文の文頭は〈have / has / had ＋主語＋ (V)-ed〉ではじまります。同じように、have / has / had が主語の前に移動することによって、主語と have / has / had の語順が入れ替わることに注意しましょう。

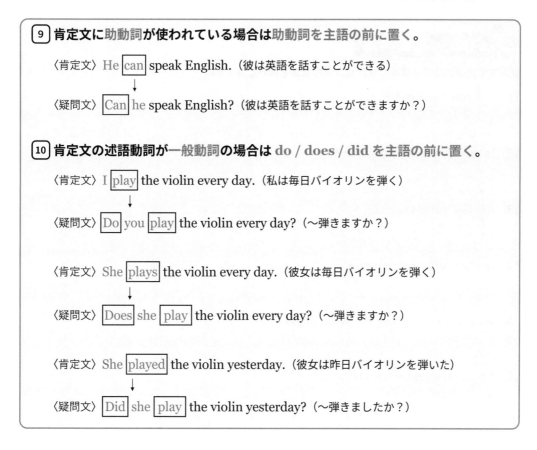

⑨ **肯定文に助動詞が使われている場合は助動詞を主語の前に置く。**

〈肯定文〉He can speak English.（彼は英語を話すことができる）

〈疑問文〉Can he speak English?（彼は英語を話すことができますか？）

⑩ **肯定文の述語動詞が一般動詞の場合は do / does / did を主語の前に置く。**

〈肯定文〉I play the violin every day.（私は毎日バイオリンを弾く）

〈疑問文〉Do you play the violin every day?（〜弾きますか？）

〈肯定文〉She plays the violin every day.（彼女は毎日バイオリンを弾く）

〈疑問文〉Does she play the violin every day?（〜弾きますか？）

〈肯定文〉She played the violin yesterday.（彼女は昨日バイオリンを弾いた）

〈疑問文〉Did she play the violin yesterday?（〜弾きましたか？）

　助動詞の疑問文の文頭は〈**助動詞＋主語＋動詞の原形**〉ではじまります。助動詞と主語の語順を入れ替える、あるいは助動詞を主語の前に置くことによって疑問文をつくります。

　述語動詞が一般動詞の疑問文の文頭は〈**Do / Does / Did ＋主語＋動詞の原形**〉ではじまります。助動詞がなく一般動詞のみの場合は、動詞と主語の語順を入れ替える、もしくは動詞を主語の前に置くことによる方法では疑問文をつくることができません。そのため、do / does / did の助けを借りて、疑問文をつくることになります。

　この２つは異なるパターンのように思えるかもしれませんが、同じパターンだと考えることもできます。一般動詞の否定文のところで、do, does, did も**助動詞の一種**だと説明したことを思い出してください。これをふまえると、一般動詞の疑問文の文頭は〈**助動詞＋主語＋動詞の原形**〉と書き換えられますから、助動詞の疑問文の文頭とまったく同じ語順になります。

Step | 基礎問題

疑問文の文頭の語順を確認しながら、次の英文を和訳しなさい。

11. Are you a doctor?

(　　　　　　　　　　　　　　　　　　　　　　　　　　　)

12. Is this TV program popular?

(　　　　　　　　　　　　　　　　　　　　　　　　　　　)

13. Are these tools useful?

(　　　　　　　　　　　　　　　　　　　　　　　　　　　)

14. Is she reading a textbook?

(　　　　　　　　　　　　　　　　　　　　　　　　　　　)

15. Was America discovered by Columbus?

(　　　　　　　　　　　　　　　　　　　　　　　　　　　)

16. Do you remember my birthday?

(　　　　　　　　　　　　　　　　　　　　　　　　　　　)

17. Does he study English every day?

(　　　　　　　　　　　　　　　　　　　　　　　　　　　)

18. Did your parents sell their car?

(　　　　　　　　　　　　　　　　　　　　　　　　　　　)

19. Should I return to the office?

(　　　　　　　　　　　　　　　　　　　　　　　　　　　)

20. Have you eaten lunch yet?

(　　　　　　　　　　　　　　　　　　　　　　　　　　　)

Words & Phrases

□ doctor：医者　□ TV program：テレビ番組　□ popular：人気のある
□ these A：これらの A　□ tool：道具　□ useful：役に立つ　□ America：アメリカ
□ discover A：Aを発見する　□ Columbus：コロンブス　□ birthday：誕生日
□ parent：親　□ sell A：Aを売る　□ return to A：Aに戻る、帰る

疑問詞を使った疑問文

> [11] **疑問詞を使う疑問文の場合、疑問詞の後は疑問文の語順にする。**
>
> | They | played | soccer | in the park | yesterday. |
> |---|---|---|---|---|
> | 誰 | | 何 | どこ | いつ |
>
> 〈**who**：誰〉　Who played soccer in the park yesterday?　※ they → who
>
> （誰が昨日その公園でサッカーをしたのですか？）
>
> 〈**what**：何〉　What did they play in the park yesterday?　※ soccer → what
>
> （彼らは昨日その公園で何をしたのですか？）
>
> 〈**where**：どこ〉 Where did they play soccer yesterday?　※ in the park → where
>
> （彼らは昨日どこでサッカーをしたのですか？）
>
> 〈**when**：いつ〉　When did they play soccer in the park?　※ yesterday → when
>
> （彼らはいつその公園でサッカーをしたのですか？）

　疑問詞とは、who, what, where, when, why（なぜ）, how（どうやって）, which（どれ）を指します。疑問詞は、Yes か No かを問うのではなく**具体的な内容を問う**ときに使います。疑問詞の後は、疑問詞を使わない疑問文の語順になるのがふつうですが、**疑問詞が主語になるときは疑問文の語順にならない**ので注意してください。

Step｜基礎問題

疑問詞の意味と語順に気を付けながら、次の英文を和訳しなさい。

21. Who used my desk?

（　　　　　　　　　　　　　　　　　　　　　　　　　　　　　）

22. What are you doing now?

（　　　　　　　　　　　　　　　　　　　　　　　　　　　　　）

23. Where does she study English?

（　　　　　　　　　　　　　　　　　　　　　　　　　　　　　）

24. Why do you like the vase?

（　　　　　　　　　　　　　　　　　　　　　　　　　　　　　）

25. How did you repair this?

（　　　　　　　　　　　　　　　　　　　　　　　　　　　　　）

Words & Phrases

□ vase：花瓶　□ repair A：A を修理する　□ this：これ

間接疑問

> **[12] 文全体の一部となっている疑問文は疑問文の語順にはならない。**
>
> Do you <u>know</u> who played soccer in the park yesterday?
>
> （誰が昨日その公園でサッカーをしたのかを知っていますか？）
>
> I don't <u>know</u> what they played in the park yesterday.
>
> （私は彼らが昨日その公園で何をしたのか知らない）
>
> Please <u>tell</u> me where they played soccer yesterday.
>
> （彼らは昨日どこでサッカーをしたのかを教えてください）
>
> She <u>asked</u> me when they played soccer in the park.
>
> （彼女は私に彼らがいつその公園でサッカーをしたのかとたずねた）

　疑問文がひとつの文として独立せず、また別の**文の一部として埋め込まれている疑問文**を**間接疑問**といいます。この場合の疑問文は、文ではなく名詞のカタマリとなることから、〈**疑問詞＋主語＋述語動詞**〉の語順になることに注意してください。

疑問文	間接疑問
Who played soccer in the park yesterday?	who played soccer in the park yesterday
What did they play in the park yesterday?	what they played in the park yesterday
Where did they play soccer yesterday?	where they played soccer yesterday
When did they play soccer in the park?	when they played soccer in the park

Jump | レベルアップ問題

26 〜 28 は与えられた語句を適切な語順に並べかえ、29 〜 35 は英文を和訳しなさい。

※ Words & Phrases は p. 90 に掲載。

26. 〔 you / the meaning of this sentence / do / understand 〕？

(あなたはこの文の意味がわかりますか？)

(   )

27. 〔 God / he / believe in / does 〕？

(彼は神を信じていますか？)

(   )

28. 〔 pass / did / the exam/ you / when 〕？

(あなたはいつ試験に合格したのですか？)

(   )

29. How many books do you have?

(   )

30. How long have you lived in Tokyo?

(   )

31. Do you know what her hobby is?

(   )

32. I don't know why you agreed with him.

(   )

33. Did you remember to buy the pepper? 〈高認 R. 1-1〉

(   )

34. Would you tell me where I am now on this map? 〈高認 H. 30-1〉

(   )

35. Do you know when we have to hand in our essay? 〈高認 H. 29-2〉

(   )

解答・解説

基礎問題

問 1：彼女は観光ガイドではない。

問 2：彼ら［彼女ら］は緊張していなかった。

問 3：彼は香辛料の効いた食べ物が好きではない。

問 4：私たちは数学を勉強したくなかった。

問 5：私の母は私の宿題を手伝ってくれないだろう。

問 6：私は自分のめがねを見つけることができない。

問 7：あなたはここでたばこを吸うべきではない［吸わないほうがよい］。

問 8：彼女の兄［弟］はその問題を解くことができなかった。

問 9：彼女はラジオを聴いていなかった。

問 10：私はまだレストランに到着していない。

問 11：あなたは医者ですか？

問 12：このテレビ番組は人気がありますか？

問 13：これらの道具は役に立ちますか？

問 14：彼女は教科書を読んでいるのですか？

問 15：アメリカはコロンブスによって発見されたのですか？

問 16：あなたは私の誕生日を覚えていますか？

問 17：彼は英語を毎日勉強していますか？

問 18：あなたのご両親は車を売ったのですか？

問 19：私は会社に戻るべきですか？

問 20：あなたは昼食をもう食べましたか？

問 21：誰が私の机を使ったのですか？

問 22：あなたは今何をしているのですか？

問 23：彼女はどこで英語を勉強しますか？

問 24：あなたはなぜその花瓶が好きなのですか？

問 25：あなたはどうやってこれを修理したのですか？

レベルアップ問題

問 26：**Do you understand the meaning of this sentence?**

◆疑問詞を用いない一般動詞の疑問文の文頭は〈Do / Does / Did ＋主語＋動詞の原形〉という語順になります。

問 27：**Does he believe in God?**

◆疑問詞を用いない一般動詞の疑問文の文頭は〈Do / Does / Did ＋主語＋動詞の原形〉という語順になります。

問 28： **When did you pass the exam?**

◆疑問詞を用いる一般動詞の疑問文の文頭は〈疑問詞＋ do / does / did ＋主語＋動詞の原形〉という語順になります。

問 29： **あなたは本を何冊持っていますか？［どれくらいの数の本を持っていますか？]**

◆〈How ＋形容詞 ～ ?〉と〈How ＋副詞 ～ ?〉は「どれくらい～か」という「程度」をたずねる疑問文です。〈How ＋形容詞［副詞］〉の後は疑問文の語順になります。「数」や「量」をたずねる場合、〈How many A ～ ?〉（どのくらいの数のA～か?）あるいは〈How much A ～ ?〉（どのくらいの量のA～か?）という表現を用います。〈How many〉や〈How much〉ではなく〈How many [How much] A〉までをひとかたまりでとらえましょう。

問 30： **あなたは東京にどれくらい住んでいますか？**

◆「時間の長さ」をたずねる場合、〈How long ～ ?〉（[時間は] どれくらい～か?）という表現を用います。

◇このほかに、「距離」をたずねる〈How far ～ ?〉（[距離は] どれくらい～か?）、「年齢」をたずねる〈How old ～ ?〉（～何歳か?）、「金額」をたずねる〈How much ～ ?〉（～いくらか?）、「頻度」をたずねる〈How often ～ ?〉（何回～か?）といった表現も覚えておきましょう。

問 31： **あなたは彼女の趣味が何か知っていますか？**

◆what her hobby is は〈疑問詞＋主語＋述語動詞〉という語順になっていますので、文の一部として埋め込まれた疑問文（間接疑問）です。「彼女の趣味が何か」という意味を表します。文として独立している疑問文であれば、What is her hobby?（彼女の趣味は何ですか?）という語順になりますのでよく比較してください。

問 32： **私はなぜあなたが彼に賛成したのかわかりません。**

◆why you agreed with him は〈疑問詞＋主語＋述語動詞〉という語順になっていますので、文の一部として埋め込まれた疑問文（間接疑問）です。「なぜあなたが彼に賛成したのか」という意味を表します。文として独立している疑問文であれば、Why did you agree with him?（なぜあなたは彼に賛成したのですか?）という語順になりますのでよく比較してください。

問 33：あなたはコショウを買うことを覚えていましたか？

　　　◆文頭が Did you remember ...？と〈Did ＋主語＋動詞の原形〉ではじまっていますので、一般動詞の疑問文です。remember to do は「〜することを覚えている」という意味ですが、この疑問文で問うているのは、過去のある時点で覚えていたかどうかということです。

問 34：私が今この地図上で［の］どこにいるのかを教えていただけますか？

　　　◆文頭が Would you tell ...？と〈助動詞＋主語＋動詞の原形〉ではじまっていますので助動詞の疑問文ですが、Would you 〜？（〜していただけますか？）が丁寧に依頼する際の表現であることを思い出しましょう。where I am now on this map は〈疑問詞＋主語＋述語動詞〉という語順になっていますので、文の一部として埋め込まれた疑問文（間接疑問）です。「私が今この地図上で［の］どこにいるのか」という意味を表します。文として独立している疑問文であれば、Where am I now on this map?（私は今この地図上で［の］どこにいるのですか？）という語順になりますのでよく比較してください。

　　　◇am の原形は be です。be はこの文のように「ある、いる」といった存在の意味を表すこともあります。

問 35：あなたは私たちがいつ小論文を提出しなければならないのかを知っていますか？

　　　◆when we have to hand in our essay は〈疑問詞＋主語＋（have to）述語動詞〉という語順になっていますので、文の一部として埋め込まれた疑問文（間接疑問）です。「私たちがいつ小論文を提出しなければならないのか」という意味を表します。文として独立している疑問文であれば、When do we have to hand in our essay?（私たちはいつ小論文を提出しなければならないのですか？）という語順になりますのでよく比較してください。

Words & Phrases

□ meaning：意味　□ A of B：B の A　□ sentence：文
□ believe in A：A（の存在）を信じる　□ god：神（God とある場合はキリスト教の神）
□ pass an exam：試験に合格する　□ How many A 〜？：どれくらいの数の A 〜？
□ How long 〜？：どれくらい〜？　□ agree with A：A に同意する、賛成する
□ pepper：コショウ　□ tell A B：A に B を教える、知らせる　□ be：ある、いる
□ on A：A の上に［で］、A の上の　□ map：地図　□ hand A in [in A]：A を提出する
□ essay：小論文、作文、エッセイ

第2章
レベルアップ編

Lesson 1 後置修飾①（前置詞・分詞）

> 後置修飾は、まず核となる名詞をはじめに置いて、その後に名詞を詳しく説明する語句が続くという語順に関する文法項目です。形こそ違えど、ここにも結論をまず述べてから詳細を伝えるという、本書で最初に学んだ英語の特徴が表れているのです！

Hop｜重要事項

後置修飾

　前置詞は名詞とともに〈前置詞＋名詞〉というカタマリを形成して、〈前置詞＋名詞〉全体で形容詞的にはたらき**名詞を修飾**するか、副詞的にはたらき**主に動詞を修飾**します。

　　(a) The hotel stands ｜on the hill｜.（そのホテルは丘の上に立っている）

　　(b) The hotel ｜on the hill｜ is famous.（丘の上のホテルは有名だ）

　(a)の on the hill は副詞的にはたらいており、動詞 stands を修飾しています。それに対して、(b)の on the hill は形容詞的にはたらいており、名詞 hotel を修飾しています。

　(b)の on the hill のように、後ろから前の名詞を詳しく説明するかたちを**後置修飾**といいます。その名のとおり、後ろに語句を置いて前の名詞を修飾します。後置修飾は前の名詞を詳しく説明しますから、結論にあたる名詞をはじめに置いて、その後に詳細にあたる修飾語句が続く語順だと考えることもできます。**〈名詞＋修飾語句〉全体で大きな名詞のカタマリをつくる**ことになるので、このカタマリを捉えることが大切です。

　後置修飾に関連してこれから学ぶ文法は、前置詞・分詞・関係詞の３つです。

　　a book ｜on the desk｜　　　　　　：机の上の本　〈前置詞〉

　　the boy ｜swimming in the pool｜　：プールで泳いでいる少年　〈分詞〉

　　the book ｜written by a famous writer｜：有名な作家によって書かれた本　〈分詞〉

　　a friend ｜who lives in Hokkaido｜　：北海道に住んでいる友達　〈関係詞〉

　　the year ｜when I moved to Osaka｜　：私が大阪に引っ越した年　〈関係詞〉

Words & Phrases

□hotel：ホテル　□stand：立つ、立っている　□hill：丘　□famous：有名な
□boy：少年　□writer：作家　□year：年　□move to A：Aに引っ越す

🔖 前置詞

　前置詞は、その名のとおり、前に置くことばのことです。何の前に置くのかというと名詞の前です。そのため、前置詞は〈前置詞＋名詞〉で意味のまとまりをつくります。前置詞と後置修飾について学ぶ前に、基本的な前置詞の意味とイメージをつかんでおきましょう。

---

1 at：〜で、〜に

〈空間〉at the station（駅で）/ at the bus stop（バス停で）

〈時間〉at noon（正午に）/ at 6:30（6時30分に）

2 in：〜（のなか）で、〜（のなか）に

〈空間〉in the room（部屋のなかで）/ in New York（ニューヨークで）

〈時間〉in spring（春に）/ in 2010（2010年に）

3 on：〜（の上）で、〜（の上）に

〈空間〉on the desk（机の上に）/ on the wall（壁に）/ on the ceiling（天井に）

〈時間〉on Sunday（日曜日に）/ on January 18(th)（1月18日に）

---

　atは空間的にも時間的にもある**一点**を指します。それに対して、inは空間的にも時間的にもatに比べて広い**範囲や領域のなか**にあることを示します。onは空間的にも時間的にも何かの表面に**接触**している、くっついていることを表します。接触していることを表しますので、ある面に接していれば、壁でも天井であってもonが使われます。

---

4 from：〜から

〈空間〉from Fukuoka（福岡から）/ from my house（家から）

〈時間〉from nine（9時から）/ from Monday（月曜から）/ from April（4月から）

5 to：〜に、〜まで

〈空間〉to Tokyo（東京に）/ to the office（会社に）

〈時間〉to five（5時まで）/ to Friday（金曜まで）/ to March（3月まで）

---

　fromが**出発点・起点**を表すのに対して、toは**到着点・終点**を表します。それぞれが起点と終点を表すために、from Fukuoka to Tokyo, from nine to five, from Monday to Fridayといったように、fromとtoを組み合わせて使われることもあります。

> **6 for：～のために、～にとって**
> for my health（健康のために）/ for you（あなたのために）/ for me（私にとって）
>
> **7 with：～といっしょに、～で**
> with him（彼といっしょに）/ with water（水とともに）/ with a pencil（鉛筆で）
>
> **8 by：～によって、～で、**
> by Shakespeare（シェイクスピアによって）/ by bus（バスで）/ by plane（飛行機で）

　前置詞には、もともともっている意味やそのイメージから派生するかたちで、さまざまな使い方があります。たとえば、forは「前方」がもともとの意味です。ある方向に向かうことから、理由や対象といった意味を表すようになりました。このような意味の広がりは原義から理解しやすいものもあれば、そうでないものもあるので、究極的には一つひとつ覚えていかなければなりません。

　ただ、それぞれの単語には**相性の良い前置詞**が存在します。たとえば、live in A（Aに住む）やbe famous for A（Aで有名である）やthe way to A（Aまでの道）のように決まった組み合わせがあるのです。こういった組み合わせに意識を向けることを続けていれば、前置詞の意味や用法はやがて感覚的に理解できるようになっていきます。

🔊 前置詞と後置修飾

> **9 〈前置詞＋名詞〉が後ろから直前の名詞を修飾する。**
>
> (c) the supermarket at the corner（角のスーパー、角にあるスーパー）
> (d) my uncle in Nagoya（名古屋の叔父、名古屋にいる叔父）
> (e) ducks on the water（水の上のアヒルたち、水面にいるアヒルたち）

　〈前置詞＋名詞〉の後置修飾のパターンは、〈名詞＋前置詞＋名詞〉という構造になります。頭の名詞が「骨組み」に相当し、これに続く後置修飾の部分は「肉付け」に相当します。後置修飾の部分も大事なのですが、**頭の名詞がいわば核となる**ことをしっかり認識しておいてください。なお、**頭の名詞が全体の核となる**ということは、**これから学ぶ分詞や関係詞の後置修飾においても同じ**です。

　上例の後置修飾の場合、前置詞の意味をふまえたうえで、訳に工夫を加えたほうがよいことがあります。(c)～(e)の例には和訳を2つずつ載せていますが、後者の訳が工夫を施したものです。前置詞の意味と修飾する名詞との関係をふまえて、「角にある」「名古屋にいる」「水面にいる」というように**存在**を意味することばを加えて訳しています。

Step | 基礎問題

後置修飾の語順を意識しながら、次の英文を和訳しなさい。

1.　a student at Harvard University

　　(　　　　　　　　　　　　　　　　　　　　　　　　　　　　　　　　　　　)

2.　the guide at the entrance

　　(　　　　　　　　　　　　　　　　　　　　　　　　　　　　　　　　　　　)

3.　a dog in the kennel

　　(　　　　　　　　　　　　　　　　　　　　　　　　　　　　　　　　　　　)

4.　a cat on the refrigerator

　　(　　　　　　　　　　　　　　　　　　　　　　　　　　　　　　　　　　　)

5.　a letter from my aunt

　　(　　　　　　　　　　　　　　　　　　　　　　　　　　　　　　　　　　　)

6.　the way to the station

　　(　　　　　　　　　　　　　　　　　　　　　　　　　　　　　　　　　　　)

7.　a present for him

　　(　　　　　　　　　　　　　　　　　　　　　　　　　　　　　　　　　　　)

分詞と後置修飾

　分詞には現在分詞と過去分詞がありますが、実をいうと、この2つにはすでにふれています。現在分詞を〈(V)-ing〉、過去分詞を〈(V)-ed〉と表記すれば思い出してもらえるでしょうか？　現在分詞は進行形〈be 動詞＋(V)-ing〉の一部として、また過去分詞は受動態〈be 動詞＋(V)-ed〉の一部として使うのでした。

　分詞は、動名詞が動詞と名詞の性質をもつように、**動詞と形容詞の性質を分けてもっ**ています。分詞の動詞の性質が色濃く出たものが進行形や受動態だとすれば、これから学ぶ後置修飾の用法は分詞の形容詞の性質が色濃く出たものといえます。

　ここでいう形容詞の性質とは、名詞を修飾することです。分詞がほかの語句を引き連れて名詞を修飾する場合には、**分詞とそれに付属する語句は修飾する名詞の後にまとめて置かれる**ことになります。この語順は、不定詞が前の名詞を修飾する用法つまり第1章第6節で学んだ「不定詞の形容詞的用法」(p. 67)の語順と同じです。

Words & Phrases

□Harvard University：ハーバード大学　□guide：案内人、ガイド　□entrance：入口

□kennel：犬小屋　□refrigerator：冷蔵庫　□aunt：叔母　□way：道

現在分詞の後置修飾

> ⑩ 〈(V)-ing ＋ほかの語句〉が後ろから直前の名詞を修飾する。
>
> (f) the baby sleeping on the bed （ベッドで眠っている赤ん坊）
> (g) the girl running over there （向こうで走っている少女）
> (h) the man reading a book on the bench （ベンチで本を読んでいる男性）

　〈(V)-ing ＋ほかの語句〉の後置修飾のパターンは、〈名詞＋ (V)-ing ＋ほかの語句〉という構造になります。分詞が〈ほかの語句〉を引き連れて前の名詞を修飾できるのは、動詞の性質を合わせもっているからです。

sleep on the bed	→	sleeping on the bed
run over there	→	running over there
read a book on the bench	→	reading a book on the bench

　〈動詞＋ほかの語句〉にある動詞を現在分詞に変えることによって、〈現在分詞＋ほかの語句〉が構成され、かつ前の名詞を修飾できるようになります。

　現在分詞の後置修飾を理解するうえで、すでに学んだ**進行形**の知識が役に立ちます。下に現在分詞の後置修飾の例と進行形の例文を並べてみますので、両者を比較してみてください。一方は**名詞のカタマリ**で他方は**文**ですが、よく似ているのがわかると思います。構造的には、進行形の文から be 動詞を取り除いたものが現在分詞の後置修飾の名詞のカタマリになるとも考えられます。

〈名詞＋ (V)-ing ＋ほかの語句〉	〈進行形〉
the baby sleeping on the bed （ベッドの上で眠っている赤ん坊）	The baby is sleeping on the bed. （その赤ん坊はベッドの上で眠っている）
the girl running over there （向こうで走っている少女）	The girl is running over there. （その少女は向こうで走っている）
the man reading a book on the bench （ベンチの上で本を読んでいる男性）	The man is reading a book on the bench. （その男性はベンチの上で本を読んでいる）

現在分詞の後置修飾のポイント

① 頭の名詞の後に修飾語句が続き、その名詞についての詳しい情報を加えている。
② 現在分詞の意味上の主語は頭の名詞。※ sleep するのは baby だという関係。
③ 現在分詞の意味は〈能動〉「〜している（〜する）」。※ baby が sleep するという関係。

💡 過去分詞の後置修飾

> **11** 〈**(V)-ed ＋ほかの語句**〉**が後ろから直前の名詞を修飾する。**
>
> (i) the <u>play</u> | written by Shakespeare | （シェイクスピアによって書かれた<u>劇</u>）
> (j) the <u>language</u> | spoken in Australia | （オーストラリアで話される<u>言語</u>）
> (k) the <u>dog</u> | named Lucky by my daughter | （娘によってラッキーと名付けられた<u>犬</u>）

　〈(V)-ed ＋ほかの語句〉の後置修飾のパターンは、〈名詞＋ (V)-ed ＋ほかの語句〉という構造になります。この過去分詞の後置修飾においても、〈(V)-ed ＋ほかの語句〉が前の名詞を修飾します。

　現在分詞の後置修飾と同様に、過去分詞の後置修飾を理解するうえで、すでに学んだ**受動態**の知識が役に立ちます。下に過去分詞の後置修飾の例と受動態の例文を並べてみますので、両者を比較してみてください。一方は**名詞のカタマリ**で他方は**文**ですが、よく似ているのがわかると思います。構造的には、受動態の文から be 動詞を取り除いたものが過去分詞の後置修飾の名詞のカタマリになるとも考えられます。

〈名詞＋ (V)-ed ＋ほかの語句〉	〈受動態〉
the <u>play</u> written by Shakespeare （シェイクスピアによって書かれた<u>劇</u>）	The play was written by Shakespeare. （その劇はシェイクスピアによって書かれた）
the <u>language</u> spoken in Australia （オーストラリアで話される<u>言語</u>）	The language is spoken in Australia. （その言語はオーストラリアで話される）
the <u>dog</u> named Lucky by my daughter （娘によってラッキーと名付けられた<u>犬</u>）	The dog was named Lucky by my daughter. （その犬は娘によってラッキーと名付けられた）

過去分詞の後置修飾のポイント

① 頭の名詞の後に修飾語句が続き、その名詞についての詳しい情報を加えている。
② 過去分詞の**意味上の主語は頭の名詞**。※ write されるのは play だという関係。
③ 過去分詞の意味は〈**受動**〉「**～される、～された**」。※ play が write されるという関係。
④ 「～される」と「～された」のどちらで訳すかは文脈で判断する。

Step | 基礎問題

頭の名詞に後から詳しい情報を加えられることを意識して、次の英文を和訳しなさい。

8. the church standing on the hill

   (   )

9. the birds flying in the sky

   (   )

10. the person waiting for you at the gate

    (   )

11. the girl reading a book under the tree

    (   )

12. the window broken by a burglar

    (   )

13. the rabbit caught by my son

    (   )

14. the chair made in the 19th century

    (   )

15. the cat called Bob in this novel

    (   )

Words & Phrases

□church：教会　□bird：鳥　□fly：飛ぶ　□sky：空　□person：人　□gate：門
□under A：Aの下で[に]　□tree：木　□break A：Aを壊す　□burglar：強盗
□rabbit：うさぎ　□catch A：Aをつかまえる　□son：息子　□chair：椅子
□in the 19th century：19世紀に　□call A B：AをBと呼ぶ　□novel：小説

Jump｜レベルアップ問題

16 〜 19 は与えられた語句を適切な順に並べかえ、20 〜 25 は英文を和訳しなさい。
※ Words & Phrases は p. 102 に掲載。

16. 〔 me / the pen / you / the desk / pass / could / on 〕 ?
   (机の上のペンをとっていただけますか？)
   (   )

17. 〔 from / he / the next room / the noise / complained about 〕 .
   (彼は隣の部屋からの騒音に文句をいった)
   (   )

18. 〔 asked / the reason / my absence / me / my teacher / for 〕 .
   (先生は私に欠席の理由をたずねた)
   (   )

19. 〔 to / is / in learning English / the key / repetition / success 〕 .
   (反復が英語学習における成功の秘訣だ)
   (   )

20. I have a friend named Yoko. 〈高認 R. 2-1 改〉
   (   )

21. A desert is a hot and dry area covered with sand. 〈高認 R. 1-2 改〉
   (   )

22. The custom has a long history going back to the Heian period. 〈高認 R. 1-2 改〉
   (   )

23. The graph above shows the numbers of cats and dogs rescued by Smile House.
   〈高認 R. 1-1〉
   (   )

24. I recommend that you start by reading short stories written in simple English.
   〈高認 H. 30-2 改〉
   (   )

25. The next train is a limited express heading to South Coast Station. 〈高認 H. 29-2 改〉
   (   )

解答・解説

基 礎 問 題

問 1 ：ハーバード大学の学生［ハーバード大学にいる学生］

問 2 ：入口の案内人［入口にいる案内人］

問 3 ：犬小屋のなかの犬［犬小屋のなかにいる犬］

問 4 ：冷蔵庫の上の猫［冷蔵庫の上にいる猫］

問 5 ：私の叔母からの手紙

問 6 ：駅までの道

問 7 ：彼のためのプレゼント

問 8 ：丘の上に立っている教会

問 9 ：空を飛んでいる鳥たち

問 10 ：門であなたを待っている人

問 11 ：木の下で本を読んでいる少女

問 12 ：強盗によって壊された窓

問 13 ：私の息子によって捕まえられたうさぎ

問 14 ：19 世紀につくられた椅子

問 15 ：この小説のなかでボブと呼ばれている猫

レベルアップ 問 題

問 16 ：**Could you pass me the pen on the desk?**

◆〈前置詞＋名詞〉のカタマリが名詞を修飾する場合には、〈前置詞＋名詞〉を名詞の後に置きます（後置修飾）。the pen on the desk で〈名詞＋前置詞＋名詞〉というカタマリとなりますが、その核となるのは最初の名詞つまり pen であることに注意しましょう。

問 17 ：**He complained about the noise from the next room.**

◆the noise from the next room で〈名詞＋前置詞＋名詞〉というカタマリとなりますが、その核となるのは最初の名詞つまり noise であることに注意しましょう。まず核となる名詞があって、その後から〈前置詞＋名詞〉のカタマリがその名詞を修飾するという語順の感覚をつかんでください。

問 18 ：**My teacher asked me the reason for my absence.**

◆the reason for my absence で〈名詞＋前置詞＋名詞〉のカタマリとなりますが、その核となるのは最初の名詞つまり reason であることに注意しましょう。

◇reason for A（Aの理由）という表現は慣用的によく用いられますので、このまま覚えておきましょう。

問19：**Repetition is the key to success in learning English.**

◆この文には〈名詞＋前置詞＋名詞〉というカタマリが2つ含まれています。the key to success（成功の秘訣）と success in learning English（英語学習における成功）です。to success がkeyを後ろから修飾し、またin learning Englishが success を後ろから修飾しています。〈名詞＋前置詞＋ <u>success</u>〉と〈<u>success</u> ＋前置詞＋名詞〉のsuccessの部分が重なって、the key to success in learning English（英語学習における成功の秘訣）というより大きな名詞のカタマリを構成しています。

◇key to A（Aの秘訣・鍵）と success in A（Aにおける成功）という表現は慣用的によく用いられますので、このまま覚えておきましょう。

問20：**私にはヨウコという名の友達がいる。**

◆a friend named Yokoの部分は、named Yokoがfriendを後ろから修飾する〈名詞＋(V)-ed＋ほかの語句〉という構造です。A friend was named Yoko. という文と比較・対照して、この構造と語順に慣れておきましょう。

◇A named Bという後置修飾の部分は、「Bと名付けられたA」と訳すこともできますが、「Bという名のA」と訳すと自然な日本語になります。また、A have Bはふつう「AはBを持っている」と訳されますが、「AにはBがある、いる」と訳すと自然な日本語になる場合があります。

問21：**砂漠は砂でおおわれた暑くて乾燥した地域だ。**

◆a hot and dry area covered with sandの部分は、covered with sandがareaを後ろから修飾する〈名詞＋(V)-ed＋ほかの語句〉という構造です。A hot and dry area is covered with sand. という文と比較・対照して、この構造と語順に慣れておきましょう。

問22：**その慣習は平安時代に（まで）さかのぼる長い歴史をもっている。**

◆a long history going back to the Heian periodの部分は、going back to the Heian periodがhistoryを後ろから修飾する〈名詞＋(V)-ing＋ほかの語句〉という構造です。A long history goes back to the Heian period. という文と比較・対照して、この構造と語順に慣れておきましょう。

◇問20で学んだA have Bの知識を生かして、「その慣習には平安時代に（まで）さかのぼる長い歴史がある」と訳しても構いません。

問23：上のグラフはスマイル・ハウスによって救助された猫と犬の数を示している。

◆cats and dogs rescued by Smile House の部分は、rescued by Smile House が cats and dogs を後ろから修飾する〈名詞＋ (V)-ed ＋ほかの語句〉という構造です。Cats and dogs were rescued by Smile House. という文と比較・対照して、この構造と語順に慣れておきましょう。

問24：私は（あなたが）簡単な英語で書かれた短い物語を読むことからはじめることをすすめる。

◆short stories written in simple English の部分は、written in simple English が stories を後ろから修飾する〈名詞＋ (V)-ed ＋ほかの語句〉という構造です。Short stories are written in simple English. という文と比較・対照して、この構造と語順に慣れておきましょう。

問25：次の電車はサウスコースト駅に向かう特急列車だ。

◆a limited express heading to South Coast Station の部分は、heading to South Coast Station が express を後ろから修飾する〈名詞＋ (V)-ing ＋ほかの語句〉という構造です。A limited express is heading to South Coast Station. という文と比較・対照して、この構造と語順に慣れておきましょう。

Words & Phrases

□pass A B：A に B を渡す　□pen：ペン　□complain about A：A について文句をいう

□noise：騒音、物音　□next：隣の、次の　□ask A B：A に B をたずねる

□reason：理由、原因　□absence：欠席、欠勤　□repetition：反復、繰り返し

□key：（成功や解決などにつながる）鍵、秘訣　□success：成功

□name A B：A を B と名付ける　□hot：暑い、熱い　□dry：乾いた

□area：地域、場所　□be covered with A：A でおおわれている　□sand：砂

□custom：慣習、風習　□long：長い　□history：歴史

□go back to A：A にさかのぼる　□the Heian period：平安時代

□the graph above：上のグラフ　□the number of A：A の数

□rescue A：A を救助する　□recommend that 文：〜ということをすすめる

□start by doing：〜することからはじめる　□simple：簡単な、質素な

□limited express：特急列車　□head to A：A に向かう　□south：南

□coast：海岸、沿岸

Lesson 2 後置修飾②（関係詞）

関係詞において学ぶ内容は、大きく分けて関係代名詞と関係副詞の2つです。新たに学ぶ内容ではありますが、まず核となる名詞をはじめに置いて、その後に名詞を詳しく説明する語句が続くという後置修飾の特徴は変わりません。

Hop｜重要事項

🔍 関係代名詞と関係副詞

関係代名詞として使われる単語は **who, whom, which, that** で、関係副詞として使われる単語は **where, when** です。that 以外の単語はどれも疑問詞としても使われますが、それとは別物だと考えてください。どのように区別するかといえば、すでに学んだ後置修飾のかたちから判別できるのです。具体的には、以下の例のように**名詞の後に who や which あるいは where や when からはじまる修飾語句が続いていれば関係詞だとみなしてよいことになります。**

(a) a friend who lives in Hokkaido （北海道に住んでいる友達）

(b) the house which we built in 2020 （2020 年に私たちが建てた家）

(c) the office where my father works （父が働く会社）

(d) the year when I moved to Osaka （私が大阪に引っ越した年）

本章の第 1 課で学んだ分詞の後置修飾と関係詞の後置修飾は構造的によく似ています。たとえば、分詞の後置修飾の例は関係詞を使って書き換えることができます。

〈名詞＋分詞＋ほかの語句〉	〈名詞＋関係詞＋ほかの語句〉
the baby sleeping on the bed （ベッドの上で眠っている赤ん坊）	the baby who is [was] sleeping on the bed （ベッドの上で眠っている [眠っていた] 赤ん坊）

分詞の後置修飾の場合、sleeping が現在のことなのか過去のことなのかは文脈で判断するほかありません。しかし、関係詞の後置修飾の例では、is [was] sleeping というように be 動詞の語形によって現在と過去のどちらのことかがはっきりと示されます。このように、関係詞を用いるメリットは**時制を明確に示すことができる**点にあります。

関係代名詞：主格

> ① 関係代名詞が修飾語句のなかで主語の代役をしている。
>
> (e) the woman |who opened a tearoom in 2003|
>
> （2003 年にティールームを開店した女性）　※ she opened a tearoom in 2003
>
> (f) the church |which stands on the hill|
>
> （丘の上に立っている教会）　※ it stands on the hill

〈関係詞〉の後置修飾のパターンは、〈名詞＋関係詞＋ほかの語句〉という構造になります。分詞の後置修飾とは見かけは異なりますが、頭の名詞の後に修飾語句が続き、その名詞についての詳しい情報を加えていることはまったく同じです。

関係代名詞について押さえておきたいパターンが２つあります。第一のパターンは、**関係代名詞が修飾語句のなかで主語の代役をしている**ものです。(e)の例は、以下のような過程を経て成り立っています。

① the woman ＋ she（the woman）opened a tearoom in 2003

↓

② the woman ＋ who opened a tearoom in 2003

↓

③ the woman who opened a tearoom in 2003

もともとは、①のように**ある名詞とその名詞を指す代名詞を主語とする文の２つの部分**に分かれていました。②の段階で she が who に置き換わることにより、who が主語の代わりをし、それと同時に③のように頭の名詞を修飾できるようになるのです。

関係代名詞は、このように**修飾語句のなかで代名詞の役割をすると同時に、修飾語句に先行する名詞と修飾語句との関係つまりつながりをつくる**はたらきをします。また、関係詞ではじまる修飾語句によって修飾される名詞を**先行詞**といいます。

関係代名詞が主語の代役をする場合、修飾される頭の名詞つまり先行詞が〈人〉であれば **who / that** を、〈物〉であれば **which / that** を用います。このパターンでは、**関係代名詞の後に動詞が続く**ことが目印になります。

なお、関係代名詞が目的語の代役をする場合は関係代名詞を省略することができるのに対して、**主語の代役をする場合は省略することはできません**。仮に(f)の例文の関係代名詞を省略してみるとわかるように、文との区別がつかなくなるからです。

〈省略〉the church stands on the hill　　　〈文〉The church stands on the hill.

🔊 関係代名詞：目的格

> ② 関係代名詞が修飾語句のなかで目的語の代役をしている。
>
> (g) the man whom I saw on the train
>
>   （電車で見た男性）　※ I saw him on the train
>
> (h) the tearoom which my friend opened in England
>
>   （友人がイギリスで開店したティールーム）　※ my friend opened it in England

　関係代名詞について押さえておきたい第二のパターンは、**関係代名詞が修飾語句のなかで目的語の代役をしている**ものです。(h)の例は、以下のような過程を経て成り立っています。

　　① the tearoom ＋ my friend opened it（the tearoom）in England

　　　　　　　　　↓

　　② the tearoom ＋ my friend opened which in England

　　　　　　　　　↓

　　③ the tearoom ＋　which my friend opened in England

　　　　　　　　　↓

　　④ the tearoom which my friend opened in England

　もともとは、①のように**ある名詞とその名詞を指す代名詞を目的語とする文の2つの部分**に分かれていました。②の段階で it が which に置き換わり、which が目的語の代わりを担います。そして、③のように修飾語句となる部分の先頭に関係代名詞を置くことによって、④のように頭の名詞を修飾できるようになるのです。

　このように関係代名詞が目的語の代役をする場合、修飾される頭の名詞つまり先行詞が〈人〉であれば **whom / who / that** を、〈物〉であれば **which / that** を用います。このパターンでは、**関係代名詞の後に〈主語＋動詞〉が続く**ことが目印になります。

　なお、この第二のパターンについては、以下のように関係代名詞が省略されることもあります。**省略された場合には名詞の直後に〈主語＋動詞〉が続きます。〈名詞＋名詞＋動詞〉もしくは〈名詞＋代名詞＋動詞〉というように名詞類が連続した場合は目的語の代役をする関係代名詞が省略されている**と考えるとよいでしょう。

　　〈省略〉the man I saw on the train

　　　　　the man whom I saw on the train

　　〈省略〉the tearoom my friend opened in England

　　　　　the tearoom which my friend opened in England

105

Step｜基礎問題

関係代名詞が主語と目的語のどちらの代役をしているかを確認しながら、次の英文を和訳しなさい。

1. a woman who can play the violin

   (   )

2. a boy who likes trains very much

   (   )

3. a student who has studied abroad twice

   (   )

4. a company which makes furniture

   (   )

5. vegetables that contain vitamin C

   (   )

6. the movie which won a prize at the film festival

   (   )

7. a leader whom they respect

   (   )

8. the man whom I met at the party

   (   )

9. the play which Shakespeare wrote

   (   )

10. the letter which I received this morning

    (   )

11. the book that she lent me yesterday

    (   )

12. the book which I borrowed from her yesterday

    (   )

13. the watch my father lost

    (   )

Words & Phrases

□ very much：とても、非常に　□ company：会社　□ furniture：家具

□ vegetable：野菜　□ contain A：Aを含む　□ vitamin C：ビタミンC

□ win a prize：賞を取る、受賞する　□ film festival：映画祭　□ leader：リーダー

□ respect A：Aを尊敬する　□ party：パーティー　□ receive A：Aを受け取る

□ this morning：今朝　□ borrow A：Aを借りる　□ watch：腕時計

14. the jacket I ordered

   (　　　　　　　　　　　　　　　　　　　　　　　　　　　　　　)

15. the man she married

   (　　　　　　　　　　　　　　　　　　　　　　　　　　　　　　)

関係副詞

> **3** **関係副詞が修飾語句のなかで副詞の代役をしている。**
>
> (i) the city | where I was born | (私が生まれた都市)
>
> (j) the year | when I was born | (私が生まれた年)

関係副詞は修飾語句のなかで副詞の代役をしています。(i)と(j)の例は、以下のような過程を経て成り立っています。

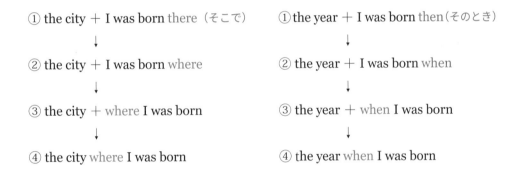

① the city ＋ I was born there（そこで）　　①the year ＋ I was born then（そのとき）

② the city ＋ I was born where　　　　　　② the year ＋ I was born when

③ the city ＋ where I was born　　　　　　③ the year ＋ when I was born

④ the city where I was born　　　　　　　④ the year when I was born

もともとは、(i)は場所を表す名詞とその場所を指し示す副詞を含む文に、(j)は時を表す名詞とその時を指し示す副詞を含む文に分かれていました。②の段階で(i)の副詞there は where に、(j)の副詞 then は when に置き換わり、それぞれ副詞の代わりを担います。そして、③のように修飾語句となる部分の先頭に関係副詞を置くことによって、④のように頭の名詞を修飾できるようになるのです。

関係副詞は、このように修飾語句のなかで副詞の役割をすると同時に、修飾語句に先行する名詞と修飾語句との関係つまりつながりをつくるはたらきをします。また、関係副詞は、修飾される頭の名詞つまり先行詞が〈場所〉であれば **where** を、〈時〉であれば **when** を用います。

> #### Words & Phrases
>
> □ jacket：ジャケット、上着　□ order A：Aを注文する　□ marry A：Aと結婚する

Step｜基礎問題

先行詞と関係副詞の組み合わせを確認しつつ、次の英文を和訳しなさい。

16. the year when World War II ended

    (　　　　　　　　　　　　　　　　　　　　　　　　　　　　　　　　　)

17. the day when I met you for the first time

    (　　　　　　　　　　　　　　　　　　　　　　　　　　　　　　　　　)

18. the room where they can study quietly

    (　　　　　　　　　　　　　　　　　　　　　　　　　　　　　　　　　)

19. the store where my mother usually does the shopping

    (　　　　　　　　　　　　　　　　　　　　　　　　　　　　　　　　　)

20. the country where we took a trip ten years ago

    (　　　　　　　　　　　　　　　　　　　　　　　　　　　　　　　　　)

Words & Phrases

□ World War II：第二次世界大戦　□ end：終わる　□ day：日
□ for the first time：初めて　□ quietly：静かに　□ store：店、商店
□ usually：たいてい、いつも、ふつう　□ do the shopping：買い物をする
□ take a trip (to A)：（Aへ）旅行に行く　□ ten years ago：10 年前

Jump｜レベルアップ問題

21 〜 24 は与えられた語句を適切な語順に並べかえ、25 〜 30 は英文を和訳しなさい。

※ Words & Phrases は p. 113 に掲載。

21. 〔 have / speak / who / German / a friend / can / I 〕.
   (私にはドイツ語を話すことができる友達がいる)
   (   )

22. 〔 dinner / last week / we / which / at the restaurant / opened / had 〕.
   (私たちは先週開店したレストランで夕食を食べた)
   (   )

23. 〔 Jack / the house / is / that / this / built 〕.
   (これはジャックが建てた家だ)
   (   )

24. 〔 have lost / gave / the umbrella / I / which / me / my mother 〕.
   (母が私にくれた傘を失くしてしまった)
   (   )

25. The students who do not read books at all were also asked the reasons. 〈高認 R. 3-2〉
   (   )

26. The teachers introduced the books they enjoyed to their students. 〈高認 R. 3-2〉
   (   )

27. This is an article Anna wrote for the study abroad newsletter at her university.
   〈高認 R. 2-2〉
   (   )

28. You need to create a new password which contains both letters and numbers.
   〈高認 H. 30-1 改〉
   (   )

29. Group 1 contains things that cause cancer in humans. 〈高認 H. 29-2〉
   (   )

30. We are going to visit the town where we first met and a beach we often visited together. 〈高認 H. 29-1 改〉
   (   )

解答・解説

基礎問題

問１：バイオリンを弾くことができる女性

◆ who は主語の代役。a woman ＋ she (a woman) can play the violin

問２：電車がとても好きな少年

◆ who は主語の代役。a boy ＋ he (a boy) likes trains very much

問３：２度留学したことがある学生

◆ who は主語の代役。a student ＋ he / she (a student) has studied abroad twice

問４：家具をつくる会社

◆ which は主語の代役。a company ＋ it (a company) makes furniture

問５：ビタミンＣを含む野菜

◆ that は主語の代役。vegetables ＋ they (vegetables) contain vitamin C

問６：映画祭で賞を取った映画

◆ which は主語の代役。the movie ＋ it (the movie) won a prize at the film festival

問７：彼ら［彼女ら］が尊敬するリーダー

◆ whom は目的語の代役。a leader ＋ they respect him / her (a leader)

問８：私がパーティーであった男性

◆ whom は目的語の代役。the man ＋ I met him (the man) at the party

問９：シェイクスピアが書いた劇

◆ which は目的語の代役。the play ＋ Shakespeare wrote it (the play)

問10：私が今朝受け取った手紙

◆ which は目的語の代役。the letter ＋ I received it (the letter) this morning

問11：彼女が昨日私に貸してくれた本

◆ that は目的語の代役。the book ＋ she lent me it (the book) yesterday

問12：昨日私が彼女から借りた本

◆ which は目的語の代役。the book ＋ I borrowed it (the book) from her yesterday

問13：私の父が失くした時計

◆関係代名詞の省略。the watch ＋ my father lost it (the watch)

問14：私が注文したジャケット

◆関係代名詞の省略。the jacket ＋ I ordered it (the jacket)

問15：彼女が結婚した男性

◆関係代名詞の省略。the man ＋ she married him (the man)

問16：第二次世界大戦が終わった年

◆ the year ＋ World War II ended then （そのとき＝その年に）

問 17：私があなたに初めて会った日
　　　◆ the day ＋ I met you for the first time then（そのとき＝その日に）

問 18：彼ら［彼女ら］が静かに勉強できる部屋
　　　◆ the room ＋ they can study quietly there（そこで＝その部屋で）

問 19：私の母がいつも買い物をするお店
　　　◆ the store ＋ my mother usually does the shopping there（そこで＝その店で）

問 20：私たちが 10 年前に旅行に行った国
　　　◆ the country ＋ we took a trip there（そこに＝その国に）ten years ago

レベルアップ 問題

問 21：**I have a friend who can speak German.**
　　　◆まず核となる名詞を置いて、その後にその名詞を修飾する語句を続けます。最初に置かれる名詞（先行詞）を正しく判断し、その後に続く関係代名詞以降は、もとの文では先行詞となる名詞が動詞の前と後のどちらにくるのかを考えながら組み立てるのがコツです。もとの文では、以下のように a friend は動詞の前にきます。

　　　a friend ＋ he / she（a friend）can speak German

問 22：**We had dinner at the restaurant which opened last week.**
　　　◆先行詞を the restaurant として、その後から関係代名詞ではじまる修飾語句を続けます。もとの文では、the restaurant は動詞の前にきます。

　　　the restaurant ＋ it（the restaurant）opened last week

問 23：**This is the house that Jack built.**
　　　◆先行詞を the house として、その後から関係代名詞ではじまる修飾語句を続けます。もとの文では、the house は動詞の後にきます。

　　　the house ＋ Jack built it（the house）

問 24：**I have lost the umbrella which my mother gave me.**
　　　◆先行詞を the umbrella として、その後から関係代名詞ではじまる修飾語句を続けます。もとの文では、the umbrella は動詞の後にきます。

　　　the umbrella ＋ my mother gave me it（the umbrella）

問 25：本をまったく読まない生徒たちはその理由もたずねられた。

◆文構造がわかりにくい場合は、すこし視野を広げて先行詞と文全体の述語動詞の関係から文の骨格を捉えましょう。文全体の述語動詞は、関係代名詞の直後ではなく、もっと後あるいは先行詞の前にあります。この一文の文全体の述語動詞は、関係代名詞の直後にある read ではなく were asked の部分です。これをふまえると、The students were asked the reasons.（生徒たちはその理由をたずねられた）が文の骨格です。文の骨格を捉えることができれば、the students who do not read books at all までが〈名詞＋関係代名詞＋ほかの語句〉のカタマリだとわかります。

the students ＋ they (the students) do not read books at all

問 26：教師たちは自分が楽しんだ本を生徒たちに紹介した。

◆この一文の文全体の述語動詞は、先行詞 the books の直後にある enjoyed ではなく introduced です。これをふまえると、The teachers introduced the books to their students.（教師たちは本を生徒たちに紹介した）が文の骨格です。文の骨格を捉えることができれば、the books they enjoyed が〈名詞＋関係代名詞省略＋ほかの語句〉のカタマリだとわかります。

the books ＋ they enjoyed them (the books)

問 27：これはアンナが彼女の大学の留学通信のために書いた記事だ。

◆この一文の文全体の述語動詞は、先行詞 an article の直後にある wrote ではなく is です。これをふまえると、This is an article.（これは記事だ）が文の骨格です。文の骨格を捉えることができれば、an article Anna wrote for the study abroad newsletter at her university が〈名詞＋関係代名詞省略＋ほかの語句〉のカタマリだとわかります。

an article ＋ Anna wrote it (an article) for the study abroad newsletter at her university

問 28：あなたは文字と数字の両方を含む新しいパスワードをつくらなければならない。

◆この一文の文全体の述語動詞は、先行詞 a password の直後にある contains ではなく need です。これをふまえると、You need to create a new password.（あなたは新しいパスワードをつくらなければならない）が文の骨格です。文の骨格を捉えることができれば、a new password which contains both letters and numbers が〈名詞＋関係代名詞＋ほかの語句〉のカタマリだとわかります。

a password ＋ it (a password) contains both letters and numbers

問 29：**グループ１はヒトにがんを引き起こすものを含んでいる。**

◆この一文の文全体の述語動詞は、先行詞 things の直後にある cause ではなく contains です。これをふまえると、Group 1 contains things.（グループ１はものを含んでいる）が文の骨格です。文の骨格を捉えることができれば、things that cause cancer in humans が〈名詞＋関係代名詞＋ほかの語句〉のカタマリだとわかります。

things ＋ they（things）cause cancer in humans

問 30：**私たちは初めて出会った町といっしょによく行った［訪れた］砂浜を訪れるつもりだ。**

◆the town where we first met（私たちが初めて出会った町）は〈名詞＋関係副詞＋ほかの語句〉という構造で、a beach we often visited together（私たちがいっしょによく訪れた砂浜）は〈名詞＋関係代名詞省略＋ほかの語句〉という構造です。この２つの部分を正しく捉えるには、visit the town and（visit）a beach（町と砂浜を訪れる）という関係を見抜いて、We are going to visit the town and a beach.（私たちは町と砂浜を訪れるつもりだ）が文の骨格だと判断する必要があります。

the town ＋ we first met there（そこで＝その町で）

a beach ＋ we often visited it（a beach）together

Words & Phrases

□ umbrella：傘　□ not ～ at all：すこしも～ない、全然～ない、まったく～ない

□ also：～もまた、さらに、そのうえ　□ introduce A to B：A を B に紹介する

□ enjoy A：A を楽しむ　□ article：記事　□ study abroad newsletter：留学通信

□ university：大学　□ need to do：～する必要がある、～しなければならない

□ password：パスワード　□ contain A：A を含む

□ both A and B：A と B の両方とも　□ letters and numbers：文字と数字

□ group：グループ、集団　□ thing：もの、こと

□ cause A in B：B に A を引き起こす、もたらす　□ cancer：がん　□ town：町

□ first：最初に、初めて　□ beach：砂浜、浜辺　□ often：しばしば、よく

Lesson 3 接続詞

接続詞は、その名のとおり、AとBを接続することばです。名詞や動詞などと比べるとやや地味な接続詞ですが、その接続のしかたとはたらきを理解すると、意味のまとまりがはっきりするようになって、英文がぐっと読みやすくなります。

🚩 Hop｜重要事項

接続詞

接続詞には**等位接続詞**と**従位接続詞**があります。等位や従位ということばになじみがないかもしれませんが、わかりやすくいえば、等位接続詞は**AとBを対等関係でつなぐ**ことばであるのに対して、従位接続詞は**AとBを主従関係でつなぐ**ことばです。

接続詞を中心としてその前後で結ばれるものをAとBとすると、等位接続詞は対等関係ですので〈A＝B〉（ここでの等号はあくまで対等な関係であることを示します）と、従位接続詞は主従関係ですので〈A＞B〉（Aが主でBが従）と表すことができます。

等位接続詞〈A＝B〉	従位接続詞〈A＞B〉
A and B：AとB、AそしてB A or B：AあるいはB A but B：AしかしB	A when B：BのときA A after B：Bの後でA A because B：BなのでA If B, A：もしBならばA Although B, A：BだけれどもA

〈等位接続詞〉

I took a shower [and] I went to bed.（私はシャワーを浴び、そして私は寝た）

〈従位接続詞〉

I went to bed [after I took a shower].（私はシャワーを浴びた後で、私は寝た）

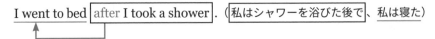

等位接続詞で結ばれる文と文は、**前の文と後の文の情報を同等に**伝えます。それに対して、従位接続詞で結ばれる文と文には情報の質に差があり、従位接続詞ではじまる文は**もう一方の文に対する補足情報を加えている**のです。

🔊 等位接続詞

> 1 **等位接続詞**は語句と語句あるいは文と文を対等関係でつなぐ。
>
> **A and B：AとB、AそしてB**（並列）
>
> **A or B：AかB、AあるいはB**（選択肢）
>
> **A but B：AしかしB、AだがB**（対立・対照）
>
> (a) I like tea │and│ coffee.
>
> 　　（私は紅茶とコーヒーが好きだ）
>
> (b) My son watches TV │and│ (he) plays video games every day.
>
> 　　（息子は毎日テレビを見て、テレビゲームをする）
>
> (c) My daughter usually studies English in her room │or│ in the library.
>
> 　　（娘はふつう自分の部屋か図書館で英語を勉強する）
>
> (d) He was rich, │but│ he was unhappy.
>
> 　　（彼は金持ちだったが不幸せだった）

　(a)は〈名詞〉と〈名詞〉を、(b)は〈文〉と〈文〉を、(c)は〈前置詞＋名詞〉と〈前置詞＋名詞〉を、(d)は〈文〉と〈文〉を等位接続詞が結んでいます。このように等位接続詞によって結ばれる**前後の構造は同じ**です。ただ、等位接続詞の前後で主語が同じ場合には、(b)のように後半部分で主語が省略されることがあります。等位接続詞の意味自体は簡単なものかもしれませんが、**等位接続詞によって何と何が結ばれているのかを正しく把握する**ようにしましょう。

> 2 **等位接続詞を含む慣用表現**に次のものがある。
>
> **both A and B：AとBのどちらも**
>
> **not only A but (also) B：AだけでなくBも**
>
> **not A but B：AではなくB**
>
> **either A or B：AかBかのどちらか**
>
> **neither A nor B：AもBもどちらも〜ない**
>
> (e) I like │both│ tea │and│ coffee.
>
> 　　（私は紅茶とコーヒーのどちらも好きだ）
>
> (f) My son │not only│ watches TV │but also│ plays video games every day.
>
> 　　（息子は毎日テレビを見るだけでなくテレビゲームもする）
>
> (g) My daughter usually studies English │either│ in her room │or│ in the library.
>
> 　　（娘はふつう自分の部屋か図書館かのどちらかで英語を勉強する）

Step | **基礎問題**

等位接続詞の前後の構造に注意しながら、次の英文を和訳しなさい。

1. cats and dogs

   (　　　　　　　　　　　　　　　　　　　　　　　　　　　　　　　　　)

2. white wine or red wine

   (　　　　　　　　　　　　　　　　　　　　　　　　　　　　　　　　　)

3. My favorite subjects are science and social studies.

   (　　　　　　　　　　　　　　　　　　　　　　　　　　　　　　　　　)

4. She studied very hard, and she passed the exam.

   (　　　　　　　　　　　　　　　　　　　　　　　　　　　　　　　　　)

5. My father likes coffee but my mother likes tea.

   (　　　　　　　　　　　　　　　　　　　　　　　　　　　　　　　　　)

6. You have both courage and hope.

   (　　　　　　　　　　　　　　　　　　　　　　　　　　　　　　　　　)

7. He is not an author but a compiler.

   (　　　　　　　　　　　　　　　　　　　　　　　　　　　　　　　　　)

8. I have been to neither Paris nor Rome.

   (　　　　　　　　　　　　　　　　　　　　　　　　　　　　　　　　　)

Words & Phrases

□ white wine：白ワイン　□ red wine：赤ワイン　□ favorite：お気に入りの、大好きな
□ subject：教科、科目　□ science：理科、科学　□ social studies：社会科
□ very hard：とても一生懸命に　□ pass an exam：試験に合格する　□ courage：勇気
□ hope：希望　□ author：著者　□ compiler：編者　□ Rome：ローマ

🔊 従位接続詞

> 3 従位接続詞は文と文を主従関係でつなぐ。
>
> 4 〈従位接続詞＋文〉は補足情報を加えている。
>
> 5 「時」を表す従位接続詞
>
> A when B / When B, A：BのときA、BするとA
>
> A before B / Before B, A：Bの前にA、Bする前にA
>
> A after B / After B, A：Bの後でA、BしてからA
>
> A while B / While B, A：Bの間にA、BしているうちにA
>
> A until [till] B / Until [till] B, A：BまでA、BするまでA
>
> (h) When I came home , my mother was cooking dinner.
>
> 　　（私が家に帰ったとき、母は夕食を作っていた）
>
> (i) You should brush your teeth before you go to bed .
>
> 　　（寝る前に歯を磨くべきだ）
>
> (j) I went to bed after I brushed my teeth .
>
> 　　（私は歯を磨いた後で寝た）

　等位接続詞が語句と語句や文と文を結ぶのに対して、従位接続詞は文と文のみを結びます。従位接続詞がつなぐ文と文は主従関係で結ばれます。具体的には**「従」にあたる文は「主」にあたる文の補足情報**になります。(h)の例文であれば、従位接続詞ではじまる When I came home の部分は my mother was cooking dinner の部分に、**時に関する補足情報**を加えているのです。この「従」にあたる部分つまり〈従位接続詞＋文〉は、「主」にあたる部分の前にくることもあれば後にくることもあります。

　　When I came home , my mother was cooking dinner.

　　My mother was cooking dinner when I came home .

　前にくる場合でも後ろにくる場合でも表す意味は基本的に同じですが、いずれの場合も〈従位接続詞＋文〉という補足情報部分を正しく把握するようにしましょう。

従位接続詞のポイント

① 従位接続詞ではじまる〈従位接続詞＋文〉というカタマリを把握する。

②〈従位接続詞＋文〉は補足情報を加える。

③〈従位接続詞＋文〉が後ろにある場合もあれば前にある場合もある。

④〈従位接続詞＋文〉が前にある場合、「 , 」（カンマ）が区切りの目印になり得る。

---

6 「原因・理由」を表す従位接続詞

A because B / Because B, A：B なので A、B するから A

A since B / Since B, A：B なので A、B するから A

A as B / As B, A：B なので A、B するから A

(k) I like him because he is honest.

(彼が正直であるから私は彼が好きだ)

7 「条件」や「譲歩」を表す従位接続詞

A if B / If B, A：もし B ならば A、B するならば A

A although B / Although B, A：B だけれども A、B するけれども A

A though B / Though B, A：B だけれども A、B するけれども A

(l) If you need this book, I'll give it to you.

(もしこの本が必要ならば、あなたにこれを差し上げます)

(m) Although I am sleepy, I must study English.

(眠いけれども、英語を勉強しなければならない)

　さまざまな従位接続詞がありますが、ポイントは〈従位接続詞＋文〉が「理由」や「条件」などに関する補足情報を加えているということです。ここに挙げた従位接続詞についても、〈従位接続詞＋文〉が前にくることもあれば後ろにくることもあります。

　とくに「譲歩」の従位接続詞である although と though が使われている文を訳す際には、「主」にあたる文と「従」にあたる文の関係を無視した訳をしないよう注意してください。

Although I am sleepy, I must study English.

【×】だけれども、私は眠い。私は英語を勉強しなければならない。

【×】しかし、私は眠い。私は英語を勉強しなければならない。

【○】眠いけれども、私は英語を勉強しなければならない。

I must study English, although I am sleepy.

【×】私は英語を勉強しなければならない。だけれども、私は眠い。

【×】私は英語を勉強しなければならない。しかし、私は眠い。

【○】眠いけれども、私は英語を勉強しなければならない。

Step | 基礎問題

〈従位接続詞＋文〉のカタマリを意識しながら、次の英文を和訳しなさい。

9. When he was a child, he lived in Fukuoka.

    (   )

10. We must go home before it gets dark.

    (   )

11. She went to bed after she finished her homework.

    (   )

12. I fell asleep while I was listening to music.

    (   )

13. He waited here until we came back.

    (   )

14. I was absent from work because I had a stomachache.

    (   )

15. If you do your best, you will pass the exam.

    (   )

16. Although I understand your opinion, I can't agree with you.

    (   )

Words & Phrases

□ go home：家に帰る　□ it gets dark：暗くなる　□ go to bed：寝る

□ fall asleep：寝入る　□ come back：戻る、帰る　□ be absent from A：A を休む

□ have a stomachache：お腹［胃］が痛い　□ do one's best：全力をつくす

□ opinion：意見　□ agree with A：A に賛成する、同意する

> ⑧ **名詞のカタマリをつくる従位接続詞 that**
>
> **think that 文：～だと思う、考える**
>
> **know that 文：～だと知っている**
>
> **believe that 文：～だと信じている**
>
> **say that 文：～だと言う**
>
> **hope that 文：～だと望む、期待する、願う**
>
> **The reason is that 文：理由は～だからだ、理由は～ということだ**
>
> (n) I think that you will pass the exam.
>
> 　（あなたは試験に合格すると思う）
>
> (o) The reason is that you always do your best.
>
> 　（理由はあなたはいつも全力をつくすからだ）

　従位接続詞thatは〈that＋文〉(～ということ)で名詞のカタマリをつくります。この thatについては、とくに〈動詞＋that＋文〉というかたちに慣れてください。上に挙げたような**思考や伝聞に関する動詞**の後には〈that＋文〉という名詞のカタマリがよく続きます（この動詞の後のthatは省略されることもあります）。そのほかに(o)のようなパターンもありますが、これはこのまま一種の慣用表現として覚えておきましょう。

Step｜基礎問題

〈that＋文〉のカタマリを意識しながら、次の英文を和訳しなさい。

17. I know that my cousin was born in China.

　（　　　　　　　　　　　　　　　　　　　　　　　　　　　　　　　）

18. She believes that her son is honest.

　（　　　　　　　　　　　　　　　　　　　　　　　　　　　　　　　）

19. He said that his father could speak many languages.

　（　　　　　　　　　　　　　　　　　　　　　　　　　　　　　　　）

20. I hope that you make a right decision.

　（　　　　　　　　　　　　　　　　　　　　　　　　　　　　　　　）

> **Words & Phrases**
>
> □ cousin：いとこ　□ be born：生まれる　□ China：中国　□ honest：正直な
>
> □ make a decision：決定する、決断をくだす　□ right：正しい

Jump｜レベルアップ問題

21 ～ 24 は与えられた語句を適切な語順に並べかえ、25 ～ 30 は英文を和訳しなさい。
※ Words & Phrases は p. 124 に掲載。

21. 〔 you / English / when / study 〕, you should use a dictionary.
    (英語を勉強するときは、辞書を使うべきだ)
    (　　　　　　　　　　　　　　　　　　　　　　　　　　　　　　　　)

22. He had to finish his homework, 〔 he / tired / although / was 〕.
    (彼は疲れていたけれども、宿題を終わらせなければならなかった)
    (　　　　　　　　　　　　　　　　　　　　　　　　　　　　　　　　)

23. I always read a book 〔 to / I / bed / before / go 〕.
    (私は寝る前にいつも本を読む)
    (　　　　　　　　　　　　　　　　　　　　　　　　　　　　　　　　)

24. 〔 I / love / knows / she / that / cats 〕.
    (彼女は私が猫が大好きなことを知っている)
    (　　　　　　　　　　　　　　　　　　　　　　　　　　　　　　　　)

25. Our university library not only owns many books but also offers study rooms for individuals and groups. 〈高認 R. 3-2 改〉
    (　　　　　　　　　　　　　　　　　　　　　　　　　　　　　　　　)

26. The most common reason is that they do not have time. 〈高認 R. 3-2〉
    (　　　　　　　　　　　　　　　　　　　　　　　　　　　　　　　　)

27. She thought it was a good idea, but her husband disagreed. 〈高認 R. 3-2〉
    (　　　　　　　　　　　　　　　　　　　　　　　　　　　　　　　　)

28. Gradually, I became positive and started to enjoy myself again. 〈高認 R. 2-2〉
    (　　　　　　　　　　　　　　　　　　　　　　　　　　　　　　　　)

29. Anna studied abroad in England because she wanted to live in the British countryside. 〈高認 R. 2-2 改〉
    (　　　　　　　　　　　　　　　　　　　　　　　　　　　　　　　　)

30. If you wanted to share your pictures, you had to print them out. 〈高認 R. 1-2〉
    (　　　　　　　　　　　　　　　　　　　　　　　　　　　　　　　　)

基礎問題

問1：猫と犬

問2：白ワインか［あるいは］赤ワイン

問3：私の大好きな教科は理科と社会科だ。

問4：彼女はとても一生懸命に勉強して、試験に合格した。

問5：私の父はコーヒーが好きだが、私の母は紅茶が好きだ。

問6：あなたは勇気と希望の両方をもっている。

問7：彼は著者ではなく編者である。

問8：私はパリにもローマにも行ったことがない。

問9：彼は子どもだったとき、福岡に住んでいた。

問10：私たちは暗くなる前に家に帰らなければならない。

問11：彼女は宿題を終わらせてから［終わらせた後で］寝た。

問12：私は音楽を聴いているうちに寝入った。

問13：彼は私たちが戻ってくるまで、ここで待っていた。

問14：私はお腹が痛かったので、仕事を休んだ。

問15：あなたが全力をつくすならば、試験に合格するだろう。

問16：私はあなたの意見を理解できるけれども、あなたに賛成することはできない。

問17：私はいとこが中国で生まれたことを知っている。

問18：彼女は自分の息子が正直であると信じている。

問19：彼は自分の父親は多くの言語を話すことができると言った。

問20：私はあなたが正しい決断をくだすことを願う。

レベルアップ問題

問21：**When you study English, you should use a dictionary.**

◆従位接続詞の後には文を続けることができますので、When you study English という語順に並べかえます。When you study English でひとまとまりとなって、you should use a dictionary の部分に「時」に関する補足情報を加えています。

問22：**He had to finish his homework, although he was tired.**

◆従位接続詞の後には文を続けることができますので、although he was tired という語順に並べかえます。although he was tired でひとまとまりとなって、He had to finish his homework の部分に「譲歩」する内容を補足的に加えています。

問 23：I always read a book before I go to bed.

◆従位接続詞の後には文を続けることができますので、before I go to bed という語順に並べかえます。before I go to bed でひとまとまりとなって、I always read a book の部分に「時」に関する補足情報を加えています。

問 24：She knows that I love cats.

◆従位接続詞の that は〈that ＋文〉で名詞のカタマリをつくることができますので、that I love cats（私が猫が大好きだということ）という語順に並べかえます。that があることによって、やや複雑にはなっていますが、文全体の構造は She knows it.（彼女はそれを知っている）と同じです。

問 25：私たちの大学図書館は多くの本を所有しているだけでなく個人やグループのための学習室を提供している。

◆not only A but also B（A だけでなく B も）のうち A の部分が owns many books で、B の部分が offers study rooms for individuals and groups です。一見、不釣り合いに見えますが、〈動詞＋名詞（＋ α）〉という構造が同じですので、この点で釣り合いがとれています。for individuals and groups という〈前置詞＋名詞〉のカタマリは、形容詞的にはたらいて直前の名詞つまり rooms を修飾しています。owns と offers の -s は 3 人称単数現在の -s です。individuals と groups の -s は複数形の -s です。owns と offers の語尾とそのはたらきが共通していること、また individuals と groups の語尾とそのはたらきが共通していることにも意識が向けられると、文構造が把握しやすくなります。

問 26：最も多い理由は（彼らには）時間がないということだ。

◆ The most common reason is that ... は〈The reason is that 文〉（理由は〜だからだ、理由は〜ということだ）という表現が土台となっています。

◇〈the most X〉で「最も X だ」という意味を表します。〈the most X ＋名詞〉の場合は「最も X な名詞」という意味になります。これをふまえたうえで、the most common reason は「最も共通する理由」あるいは「最も多い理由」と訳します。

問 27：彼女はそれが良いアイディアだと思ったが、彼女の夫は反対した。

◆thought の後には that が省略されていますので、She thought (that) it was a good idea と考えましょう。but をここでは「〜だが」というように訳しましたが、「〜だと思った。しかし、彼女の夫は…」というように文を一度切って訳しても構いません。

問28：次第に、私は前向きになって、再び楽しく過ごしはじめた。

◆等位接続詞 and が結んでいるのは、became positive と started to enjoy myself again です。became と started がどちらも過去形であるという共通点に気付くことができると、文構造が把握しやすくなります。このように〈動詞＋ほかの語句〉どうしを結んでいる場合の and は、「〜して」と訳すと自然な日本語となります。なお、〈動詞＋ほかの語句〉どうしを結んでいる場合、後の部分では主語が省略されることがよくあります。I became positive and (I) started to enjoy myself again というように、前の部分から主語を補えるようにしておきましょう。

問29：アンナはイギリスの田舎に住みたかったので、イギリスに留学した。

◆従位接続詞 because から because she wanted to live in the British countryside でひとまとまりとなって、studied abroad in England の部分に「理由」に関する補足情報を加えています。

問30：もしあなたが写真を共有したいならば、それらを印刷しなければならなかった。

◆従位接続詞 if から If you wanted to share your pictures でひとまとまりとなって、you had to print them out の部分に「条件」に関する補足情報を加えています。この一文において、wanted および had to と過去形が使われているのは、単純に過去の事柄を述べる文であるからです。

◇print A out [out A] について、A の部分が代名詞の場合は、この一文のように print A out という語順になります。

🔖 Words & Phrases

☐ be tired：疲れている　☐ university library：大学図書館　☐ own A：A を所有する

☐ offer A：A を提供する　☐ study room：学習室　☐ individual：個人

☐ common：共通の、普通の、一般的な　☐ the most common：最も共通の（＝最も多い）

☐ have time：時間がある　☐ good：良い　☐ idea：アイディア、考え　☐ husband：夫

☐ disagree (with A)：（A に）反対する、意見が異なる　☐ gradually：次第に、だんだんと

☐ positive：ポジティブな、前向きな　☐ start to do：〜しはじめる、〜しだす

☐ enjoy oneself：楽しむ、楽しく過ごす　☐ British：イギリスの

☐ countryside：田舎、田園地帯　☐ share A：A を共有する　☐ picture：写真

☐ print A out [out A]：A を印刷する

Lesson 4 比較構文

比較の大前提は、2つ以上のものが存在することです。前提として、比較をするには必ず2つ以上のものが必要になるのです。比較に関する表現が出てきたら、まずは何と何を比較しているのかを確認するクセをつけましょう。

 **Hop** | **重要事項**

💡 比較構文

皆さんは時間（time）とお金（money）はどちらが大事だと思いますか？ 時間とお金を素材として3つの比較構文を見てみましょう。

  ① 「時間とお金が**同程度に重要だ**」という意見

    Time is **as important as** money.（時間はお金と同じくらい重要だ）
     A   X   B

  ② 「時間のほうがお金**より重要だ**」という意見

    Time is **more important than** money.（時間はお金よりもっと重要だ）
     A   X   B

  ③ 「時間はあらゆるものと比較して**最も重要だ**」という意見

    Time is **the most important** of all.（時間はすべてのもののなかで最も重要だ）
     A   X   B

冒頭の質問に関して比較構文を使って意見をいうとすれば、このようにいうことができます。すこし難しそうに見える比較構文ですが、それぞれに使われている単語が違っていても下記のように同じような構造になっていることに気付いたでしょうか？

  ① 〈A   as   X   as   B 〉（AはBと同じくらいXだ）

  ② 〈A more X than B 〉（AはBよりもっとXだ）

  ③ 〈A the most X of B 〉（AはBのなかで最もXだ）

AとBが比較の対象で、Xにはどのような点で比較をしているのかということばが入ります（Xには形容詞か副詞が入ります）。どの比較構文においても、**何と何をどのような点で比べているのかということを正しく把握することが最も重要**となります。

125

🔎 比較構文：原級

> 1 **A as X as B：A は B と同じくらい X だ**
>
> 2 **A not as X as B：A は B ほど X でない**
>
> (a) My brother is as tall as my father.
>
> 　　（兄は父と同じくらい背が高い［同じくらいの背の高さだ］）
>
> (b) My mother runs as fast as my sister.
>
> 　　（母は妹と同じくらい速く走る）
>
> (c) My brother is not as tall as my father.
>
> 　　（兄は父ほど背が高くない）

〈A as X as B〉の最初の as は「同じくらい」という意味です。「同じくらい」といわれたら、「何と同じくらいなのだろうか？」と疑問がわくと思いますが、この構文はその疑問をちゃんと解消する構造になっています。具体的には、この構文はまず〈as X〉で「同じくらい X」と結論を先にいっておいて、その後から〈as B〉で「〜と」と比較の対象についての詳細を補足する語順になっているのです。

◉ X が形容詞のパターン

My brother is tall.（兄は背が高い）

　　↓

My brother is as tall.（兄は 同じくらい 背が高い）

　　↓

My brother is as tall as my father .（兄は 父と 同じくらい背が高い）

◉ X が副詞のパターン

My mother runs fast.（母は速く走る）

　　↓

My mother runs as fast.（母は 同じくらい 速く走る）

　　↓

My mother runs as fast as my sister .（母は 妹と 同じくらい速く走る）

〈A as X as B〉を否定文にしたものが〈A not as X as B〉です。〈A not as X as B〉は「A は B ほど X でない」という意味を表します。「A は B と同じくらい X だ」ということを否定するわけですから、「A は B ほど X でない」つまり **X という観点において A ＜ B**（B は A よりもっと X だ）の関係になることに注意してください。

Step｜基礎問題

何と何を比較しているのかを一つひとつ確認しながら、次の英文を和訳しなさい。

1. She is as busy as you.

   (　　　　　　　　　　　　　　　　　　　　　　　　　　　　　　　　　　　　)

2. He is as kind as you.

   (　　　　　　　　　　　　　　　　　　　　　　　　　　　　　　　　　　　　)

3. His dog is as pretty as mine.

   (　　　　　　　　　　　　　　　　　　　　　　　　　　　　　　　　　　　　)

4. My bag is as expensive as hers.

   (　　　　　　　　　　　　　　　　　　　　　　　　　　　　　　　　　　　　)

5. This building is as high as that one.

   (　　　　　　　　　　　　　　　　　　　　　　　　　　　　　　　　　　　　)

6. I get up as early as my mother.

   (　　　　　　　　　　　　　　　　　　　　　　　　　　　　　　　　　　　　)

7. This smartphone is not as popular as that one.

   (　　　　　　　　　　　　　　　　　　　　　　　　　　　　　　　　　　　　)

8. I can't speak English as well as you.

   (　　　　　　　　　　　　　　　　　　　　　　　　　　　　　　　　　　　　)

Words & Phrases

☐ kind：優しい、親切な 　☐ pretty：かわいい 　☐ mine：私のもの（p. 12 参照）
☐ bag：鞄、バッグ 　☐ hers：彼女のもの 　☐ building：建物
☐ high：高い 　☐ that one：one は前出の単数名詞を指す（that one ＝ that building）

比較構文：長めの形容詞・副詞の比較級

> **3** **A more X than B：AはBより（も）もっとXだ**
>
> (d) My grandmother is more beautiful than my mother.
>
> 　（祖母は母よりももっと美しい）
>
> (e) My grandfather drives a car more carefully than my father.
>
> 　（祖父は父よりももっと注意深く車を運転する）

比較級の基本的なつくり方

①Xが長めの形容詞・副詞の場合：形容詞・副詞の前に more を置く。

②Xが短めの形容詞・副詞の場合：形容詞・副詞の語尾に -er を付ける。

　※②については後でまとめて学習します。

　この比較級を用いる比較構文〈A more X than B〉の more は「もっと」という意味です。「もっと」といわれたら、「何と比べてもっとなのだろうか？」と疑問がわくと思いますが、この比較構文もまたその疑問をちゃんと解消する構造になっています。具体的には、この構文は、まず〈more X〉で「もっとX」と結論を先にいっておいて、その後から〈than B〉で「～より（も）」と比較の対象についての詳細を補足する語順になっているのです。

◎ **X が形容詞のパターン**

My grandmother is beautiful.（祖母は美しい）

　　↓

My grandmother is [more] beautiful.（祖母は[もっと]美しい）

　　↓

My grandmother is more beautiful [than my mother].（祖母は[母よりも]もっと美しい）

◎ **X が副詞のパターン**

My grandfather drives a car carefully.（祖父は注意深く車を運転する）

　　↓

My grandfather drives a car [more] carefully.（祖父は[もっと]注意深く車を運転する）

　　↓

My grandfather drives a car more carefully [than my father].

　　　　　　　　　　　　　（祖父は[父よりも]もっと注意深く車を運転する）

128

Step | 基礎問題

何と何をどのような点で比較しているのかを確認しつつ、次の英文を和訳しなさい。

9. The Eiffel Tower is more famous than Tokyo Tower.

( )

10. This dictionary is more useful than that one.

( )

11. This magazine is more interesting than that one.

( )

12. Questions 4-6 were more difficult than questions 1-3.

( )

13. He solved the math problem more easily than his friend.

( )

14. You should eat more slowly.

( )

Words & Phrases

□ the Eiffel Tower：エッフェル塔　□ than A：A より（も）　□ famous：有名な
□ magazine：雑誌　□ interesting：おもしろい、興味深い　□ question：問題、質問
□ solve a problem：問題を解く　□ easily：容易に、楽々と、簡単に
□ slowly：ゆっくりと

比較構文：長めの形容詞・副詞の最上級

> 4 **A the most X of B：A は B のなかで最も X だ（of B は比較の対象）**
>
> 5 **A the most X in B：A は B のなかで最も X だ（in B は比較の範囲）**
>
> (f) My daughter is the most honest of the ten girls.
>
> 　　（娘は 10 人の少女たちのなかで最も正直だ）
>
> (g) My son is the most courageous in school.
>
> 　　（息子は学校のなかで最も勇気がある）

最上級の基本的なつくり方

① X が長めの形容詞・副詞の場合：形容詞・副詞の前に **the more** を置く。

② X が短めの形容詞・副詞の場合：形容詞・副詞の前に **the** を置き語尾に **-est** を付ける。

　※②については後でまとめて学習します。

　この最上級を用いる比較構文〈A the most X of B〉〈A the most X in B〉の most は「最も」という意味です。「最も」といわれたら、「どのような集団のなかで最もなのだろうか？」と疑問がわくと思いますが、この構文もまたその疑問をちゃんと解消する構造になっています。具体的には、この構文は、まず〈the most X〉で「最も X」と結論を先にいっておいて、その後から〈of B〉あるいは〈in B〉で「～のなかで」と比較の対象あるいは比較の範囲についての詳細を補足する語順になっているのです。

　　My daughter is honest.（娘は正直だ）

　　　↓

　　My daughter is │the most│ honest.（娘は│最も│正直だ）

　　　↓

　　My daughter is the most honest │of the ten girls│.（娘は│10 人の少女のなかで│最も正直だ）

　〈of B〉と〈in B〉の部分についてはいずれも前置詞の後に名詞が続きますが、〈of B〉の of の後には複数形の名詞か代名詞が置かれ、〈in B〉の in の後には単数形の名詞が置かれます。

　　〈**of B**〉：B は**比較の対象**を指す、**複数形**の名詞か代名詞

　　　　　　of the three boys, of my friends, of all sports, of all animals, of them

　　〈**in B**〉：B は**比較の範囲**を指す、**単数形**の名詞

　　　　　　in my family, in the class, in this city, in Japan, in the world

Step │ 基礎問題

とくに〈of B〉〈in B〉の部分に注意しながら、次の英文を和訳しなさい。

15. This French restaurant is the most famous in Japan.

   (   )

16. English is the most boring of all subjects.

   (   )

17. Health is the most important of all.

   (   )

18. This flower is the most beautiful in the shop.

   (   )

19. He solved the math problem the most easily in his class.

   (   )

20. She spoke English the most slowly of the five speakers.

   (   )

Words & Phrases

□ French restaurant：フランス料理店　□ boring：退屈な　□ health：健康
□ flower：花　□ shop：店　□ class：クラス、授業　□ speaker：講演者、演説者

💡 比較構文：短めの形容詞・副詞の比較級・最上級

> **6** A X-er than B：A は B より（も）もっと X だ
>
> **7** A the X-est of [in] B：A は B のなかで最も X だ
>
> （h）This bookstore is smaller than that one.　　※ one は前出の bookstore を指す。
>
> 　　（この書店はあの書店よりももっと小さい）
>
> （i）That bookstore is the biggest in this town.
>
> 　　（あの書店はこの町のなかで最も大きい）

長めの形容詞・副詞の比較級と最上級の基本的なつくり方

① 〈比較級〉：形容詞・副詞の**前に more** を置く。

② 〈最上級〉：形容詞・副詞の**前に the most** を置く。

短めの形容詞・副詞の比較級と最上級の基本的なつくり方

① 〈比較級〉：形容詞・副詞の**語尾に -er** を付ける。

② 〈最上級〉：形容詞・副詞の**前に the** を置き**語尾に -est** を付ける。

　長めの形容詞・副詞の場合と短めの形容詞・副詞の場合では、比較級と最上級のつくり方が異なります。**長めの形容詞・副詞**の場合は、**別の単語を追加する**ことによって比較級あるいは最上級であることを示すのに対して、**短めの形容詞・副詞**の場合は、**語尾を変化させる**ことによって比較級あるいは最上級であることを示します。

　短めの形容詞・副詞の場合、比較級は**形容詞・副詞**と **more** が一語になって **-er** が語尾に付く、最上級は**形容詞・副詞**と **most** が一語になって **-est** が語尾に付くと理解しておくとよいでしょう。

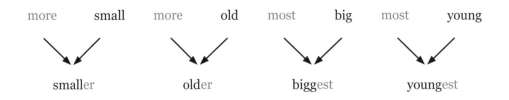

-er や -est がそのまま語尾に付かない例	
nice（素敵な）- nicer - nicest	large（大きい）- larger - largest
hot（暑い）- hotter - hottest	fat（太った）- fatter - fattest
busy（忙しい）- busier - busiest	early（早く）- earlier - earliest

🔖 不規則変化の比較級・最上級

8 形容詞と副詞のなかには比較級と最上級が不規則変化をするものがある。

原 級	比較級	最上級
good（良い）	better	best
well（上手に、うまく）		
bad（悪い）	worse	worst
many（多数の）	more	most
much（多量の）		
little（すこし［の］）	less	least

　動詞のなかに規則変化動詞と不規則変化動詞があるように、一部の形容詞と副詞は不規則な変化をして比較級と最上級をつくります。上に挙げた比較級と最上級の語形からもともとの形つまり原級がわかるようにしておきましょう。とくに better と more に要注意です。better は good と well のどちらの比較級として使われているのかを自分で判断する必要があります。また、この more は名詞の前に置かれるもので、比較構文において形容詞・副詞の前に置かれる more と混同しないようにしてください。

🔖 原級を用いた比較構文の慣用表現

9 A ☐ times as X as B：AはBの〜倍Xだ
10 as X as possible：できるだけX（= as X as 主語 can）

(j) My cat is three times as big as his.　※ his：彼のもの＝彼の猫

　　（私の猫は彼の猫の３倍大きい［３倍の大きさだ］）

(k) You should reply to this e-mail as soon as possible.

　　= You should reply to this e-mail as soon as you can.

　　（できるだけ早くこのメールに返事をするべきだ）

　〈A ☐ times as X as B〉は倍数表現です。空欄部分には数詞（three, four, five など）が入ります。ただし、下記のように２倍の場合は twice、半分の場合は half とします。

　　My cat is twice as big as his.（私の猫は彼の猫の２倍大きい［２倍の大きさだ］）

　　My cat is half as big as his.（私の猫は彼の猫の半分の大きさだ）

　〈as X as possible〉と〈as X as 主語 can〉は同じ意味を表します。〈as X as 主語 can〉の can の前の主語は、文中の先に出ている主語と同一です。また、過去の事柄を表している文では〈as X as 主語 could〉となります。

Step ｜ 基礎問題

比較級あるいは最上級の語形に気を付けつつ、次の英文を和訳しなさい。

21. My house is larger than his.

   (   )

22. My suitcase is heavier than yours.

   (   )

23. She is the youngest of the ten women.

   (   )

24. He can run the fastest in the class.

   (   )

25. Our situation is better than theirs.

   (   )

26. My mother can sing a song better than my father.

   (   )

27. This ring is five times as expensive as that one.

   (   )

28. He ran as fast as he could.

   (   )

Words & Phrases

□ large：大きい、広い　□ suitcase：スーツケース、旅行カバン　□ heavy：重い
□ women：woman（女性）の複数形　□ situation：状況　□ ring：指輪

Jump | レベルアップ問題

29 〜 31 は与えられた語句を適切な語順に並べかえ、32 〜 35 は英文を和訳しなさい。
※ Words & Phrases は p. 138 に掲載。

29. 〔 as / laptop computers / convenient / tablet computers / as / are 〕.
   (タブレットはノートパソコンと同じくらい便利だ)
   (   )

30. 〔 than / that of London / is / the population of Tokyo / larger 〕.
   (東京の人口はロンドンの人口よりもっと多い)
   (   )

31. 〔 the shop / the / is / comfortable / in / most / this sofa 〕.
   (このソファはお店のなかで最も心地よい［最も座り心地がよい］)
   (   )

32. More than half of the students do not read any books. 〈高認 R. 3-2〉
   (   )

33. She spoke English as naturally as a native speaker and sometimes introduced popular English songs to us. 〈高認 R. 1-1〉
   (   )

34. Sales in March were about twice as high as those in February. 〈高認 H. 30-2〉
   (   )

35. The new program was designed to give students more chances to communicate with others in English. 〈高認 H. 29-1〉
   (   )

解答・解説

基礎問題

問1：彼女はあなたと同じくらい忙しい。

問2：彼はあなたと同じくらい優しい［親切だ］。

問3：彼の犬は私の犬と同じくらいかわいい。

問4：私の鞄は彼女の鞄と同じくらい高価だ。

問5：この建物はあの建物と同じくらい高い［同じくらいの高さだ］。

問6：私は母と同じくらい早く起きる。

問7：このスマートフォンはあのスマートフォンほど人気はない。

問8：私はあなたほど上手に英語を話すことはできない。

問9：エッフェル塔は東京タワーよりももっと有名だ。

問10：この辞書はあの辞書よりももっと役に立つ。

問11：この雑誌はあの雑誌よりももっとおもしろい。

問12：問4〜6は問1〜3よりももっと難しかった。

問13：彼は彼の友達よりももっと楽々と数学の問題を解いた。

問14：あなたはもっとゆっくりと食べるべきだ［食べたほうがいい］。

問15：このフランス料理店は日本のなかで最も有名だ。

問16：英語はすべての科目のなかで最も退屈だ。

問17：健康はすべてのもののなかで最も重要だ。

問18：この花はそのお店のなかで最も美しい。

問19：彼は彼のクラスのなかで最も楽々と数学の問題を解いた。

問20：彼女は5人の講演者のなかで最もゆっくりと英語を話した。

問21：私の家は彼の家よりももっと大きい。

問22：私のスーツケースはあなたのスーツケースよりももっと重い。

問23：彼女はその10人の女性のなかで最も若い。

問24：彼はそのクラスのなかで最も速く走ることができる。

問25：私たちの状況は彼ら［彼女ら］の状況よりももっと良い。

問26：母は父よりももっと上手に歌を歌うことができる。

問27：この指輪はあの指輪の5倍高価だ［5倍の値段だ］。

問28：彼はできるだけ速く走った。

レベルアップ 問題

問 29：**Tablet computers are as convenient as laptop computers.**

◆「AはBと同じくらいXだ」という意味を表す場合は、原級を用いた比較構文〈A as X as B〉の語順に並べかえます。

問 30：**The population of Tokyo is larger than that of London.**

◆「AはBより（も）もっとXだ」という意味を表す場合は、比較級を用いた比較構文〈A X-er than B〉あるいは〈A more X than B〉の語順に並べかえます。

◇比較構文によく出てくる that は、同じ名詞（単数形）の繰り返しを避けるために用いられます。that of London の that が指しているのは the population で、that of London は the population of London を表しています。

問 31：**This sofa is the most comfortable in the shop.**

◆「AはBのなかで最もXだ」という意味を表す場合は、最上級を用いた比較構文〈A the most X of [in] B〉あるいは〈A the X-est of [in] B〉の語順に並べかえます。

問 32：**生徒たちの半数以上が本をすこしも読まない。**

◇ more than A で「Aよりも多い、A以上」という意味を表します。比較に関連する慣用表現としてこのまま覚えておきましょう。

問 33：**彼女はネイティブスピーカーと同じくらい自然に英語を話し、ときには英語の流行歌を私たちに紹介した。**

◆原級を用いた比較構文〈A as X as B〉が用いられています。比較構文が出てきたら、何と何をどのような点で比べているのかを意識して読みましょう。この一文では、she と a native speaker を英語を話す際の自然さの点で比較しています。

問 34：**3月の売り上げは2月の売り上げのおよそ2倍高かった［2倍だった］。**

◆倍数表現〈A ▢ times as X as B〉（AはBの〜倍Xだ）が用いられています。A about twice as X as B は「AはBのおよそ2倍Xだ」という意味を表します。

◇about には「〜について」という意味の前置詞の用法以外にも、このように「およそ、約」という意味での用法もあります。この場合、about の後には数量を表す単語が続きます。比較構文によく出てくる those にも注意しましょう。those は that の複数形にあたり、同じ名詞（複数形）の繰り返しを避けるために用いられます。those in February の those が指しているのは sales で、those in February は sales in February を表しています。

**問 35：その新しいプログラムは生徒たちに英語で他者と意思の疎通をするより多くの
機会を与えるためのものであった。**

◆more chances は many chances の many が比較級の more になったものです。
many の比較級 more は「より多い、より多くの」と訳します。なお、この一
文のように比較級が使われていても、than 以下がない場合もあります。その
場合は、基本的に文脈から補うことができます。通例、「そうでない場合に比
べて」「そうしない場合に比べて」「現在と比べて」「過去と比べて」のこれら
の４つのどれかで対処することが可能です。この一文における more は、過去
と比べて、より具体的には「その新しいプログラム」がなかった過去と比べて
「より多くの」という意味を表しています。

Words & Phrases

□ tablet computer：タブレット（型コンピュータ）　□ convenient：便利な

□ population：人口　□ large：(数・量などが) 多い　□ sofa：ソファ

□ that：that は前出の単数名詞を指す（that of London ＝ the population of London）

□ comfortable：心地よい、快適な　□ more than A：A より多い、A 以上

□ half of A：A の半分 [半数・半量]　□ not ～ any：すこしも [ひとつも] ～ない

□ naturally：自然に　□ native speaker：ネイティブスピーカー、母語話者

□ popular song：流行歌　□ sale：(複数形で) 売り上げ　□ about：およそ、約

□ high：(価格などが) 高い　□ be designed to do：～するためのものである

□ those：those は前出の複数名詞を指す（those in February ＝ sales in February）

□ communicate with A：A と意思の疎通をする　□ other：(複数形で) ほかの人々、他人

Lesson 5 さまざまな構文

いよいよ第2章も最後の課です！ この第5課では、英語でよく用いられるさまざまな構文を学びます。やや複雑に感じられるかもしれませんが、こうした構文の知識を習得していれば読解がぐっと楽になりますのでがんばりましょう！

Hop | 重要事項

 存在構文

---

1 **There is [are] A：Aがある、いる**

2 **A is [are] 前置詞＋B：AはB（場所）にある、いる**

   (a) There is a cat on the table.（テーブルの上に猫がいる）

   (b) The cat is on the table.（その猫はテーブルの上にいる）

　この2つの構文で使われる **be 動詞**は「ある、いる」といった存在の意味を表します。2つの構文の違いは**Aが既知のものか未知のものか**という点にあり、この未知と既知の違いは日本語訳では「A<u>が</u>」（未知）と「A<u>は</u>」（既知）という助詞の部分で表されます。

   There is [are] A　　→ Aは**聞き手・読み手にとって新しいもの**

   A is [are] 前置詞＋B → Aは**聞き手・読み手にすでにわかっているもの**

Step | 基礎問題

次の英文を日本語に訳しなさい。

1.　There were five dogs in the shop.

   (　　　　　　　　　　　　　　　　　　　　　　　　　　　　)

2.　There was a key on the desk.

   (　　　　　　　　　　　　　　　　　　　　　　　　　　　　)

3.　The key was on the desk.

   (　　　　　　　　　　　　　　　　　　　　　　　　　　　　)

4.　They were in the library.

   (　　　　　　　　　　　　　　　　　　　　　　　　　　　　)

139

🗣 形式主語構文

> **3** It is X (for A) to do：（Aが、Aにとって）〜することはXだ
>
> **4** It is X that 文：〜することはXだ
>
> (c) It is difficult for me to give a speech in English.
>
>   （私にとって英語でスピーチをすることは難しい）
>
> (d) It is surprising that you can give a speech in English.
>
>   （あなたが英語でスピーチをすることができるとは驚くべきことだ）

　英語の特徴として主語を短くする傾向がありますが、その方法としてこのような構文が使われます。〈to ＋動詞の原形＋ほかの語句〉（to do ＝〈to ＋動詞の原形〉）や〈that ＋文〉の名詞のカタマリを主語にすると長くなってしまうので、形式的に it を主語の位置に置いて、長い名詞のカタマリを文末にまわすという仕組みです。なお、この **it は文末にまわした名詞のカタマリを指しますので、「それ」と訳す必要はありません。**

For me to give a speech in English is difficult.

It is difficult for me to give a speech in English.　　it ＝ for me to give 以下

That you can give a speech in English is surprising.

It is surprising that you can give a speech in English.　　it ＝ that 以下

3の構文のXによく使われる形容詞	4の構文のXによく使われる形容詞
easy（やさしい）/ hard・difficult（難しい）	clear（明らかな）/ true（本当の）
possible（可能な）/ impossible（不可能な）	surprising・amazing（驚くべき）
necessary（必要な）/ important（重要な）	strange（奇妙な）/ natural（当然の）

🗣 動詞＋人＋to do

> **5** tell A to do：A に〜するよういう
>
> ask A to do：Aに〜するよう頼む
>
> want A to do：Aに〜してもらいたい（と思っている）
>
> (e) My mother told my father to do more housework.
>
>   （母は父にもっと家事をするよういった）
>
> (f) She wants him to do more housework.
>
>   （彼女は彼にもっと家事をしてもらいたいと思っている）

　動詞のなかには〈動詞＋人＋to do〉というかたちをとるものがあります。よく似ている〈動詞＋to do〉というかたちとの違いは**to do 以下が表す動作の主語**にあります。

She wants to do more housework. 　　→ 家事をするのは she

She wants him to do more housework. → 家事をするのは him（he）

〈動詞＋人＋to do〉の場合には、上のように**動詞と to do に挟まれた〈人〉が to do 以下が表す動作の主語**になります。ほかにも以下のような動詞がこのかたちをとります。

---

would like A to do（Aに〜してもらいたいのですが）/ allow A to do（Aに〜することを許す）

advise A to do（Aに〜するよう忠告する、助言する）/ order A to do（Aに〜するよう命じる）

Step｜基礎問題

次の英文を日本語に訳しなさい。

5. It is not easy to climb this mountain alone.

　　(　　　　　　　　　　　　　　　　　　　　　　　　　　　　　　　　　)

6. It is necessary for you to see a doctor at once.

　　(　　　　　　　　　　　　　　　　　　　　　　　　　　　　　　　　　)

7. My brother asked me to help him with his homework.

　　(　　　　　　　　　　　　　　　　　　　　　　　　　　　　　　　　　)

8. I would like you to come with me.

　　(　　　　　　　　　　　　　　　　　　　　　　　　　　　　　　　　　)

9. Her parents allowed her to study abroad.

　　(　　　　　　　　　　　　　　　　　　　　　　　　　　　　　　　　　)

10. The doctor strongly advised my father to stop smoking.

　　(　　　　　　　　　　　　　　　　　　　　　　　　　　　　　　　　　)

Words & Phrases

□ climb A：Aを登る　□ mountain：山　□ alone：一人で

□ see a doctor：医者に診てもらう　□ at once：すぐに

□ help A with B：AのBを手伝う　□ strongly：強く　□ smoking：喫煙

🔎 too ～ to … 構文・～ enough to … 構文・so ～ that … 構文

> [6] **too X (for A) to do**：〈結果〉あまりにXなので～できない
>
> 　　　　　　　　　　　　〈程度〉～するにはXすぎる
>
> [7] **X enough (for A) to do**：〈結果〉十分にXなので～できる
>
> 　　　　　　　　　　　　　　　　〈程度〉～するほど十分にXだ
>
> [8] **so X that 文**：〈結果〉とてもXなので～
>
> (g) This textbook was <u>too</u> difficult for our students to read on their own.
>
> 　　（このテキストはあまりに難しいので生徒たちが独力で読むことはできなかった）〈結果〉
>
> 　　（このテキストは生徒たちが独力で読むには難しすぎた）〈程度〉
>
> (h) This textbook was easy <u>enough</u> for our students to read on their own.
>
> 　　（このテキストは十分やさしいので生徒たちが独力で読むことができた）〈結果〉
>
> 　　（このテキストは生徒たちが独力で読むことができるほど十分やさしかった）〈程度〉

〈too X (for A) to do〉と〈X enough (for A) to do〉は、〈結果〉の意味を表す場合、以下のような点で対照的な関係にあります。

too X (for A) to do	X enough (for A) to do
否定的な意味	肯定的な意味
原因（あまりにX）→ 結果（～できない）	原因（十分にX）→ 結果（～できる）
too（あまりに～）が前からXを修飾する	enough（十分に～）が後ろからXを修飾する
to doの部分にcannotの意味が含まれる	to doの部分にcanの意味が含まれる

また、(g)も(h)も〈so X that 文〉の構文を用いて書き換えることができます。

(g) = This textbook was so difficult that our students <u>couldn't</u> read it on their own.

　　（このテキストはとても難しいので生徒たちは独力で読むことができなかった）

(h) = This textbook was so easy that our students <u>could</u> read it on their own.

　　（このテキストはとてもやさしいので生徒たちは独力で読むことができた）

〈too X (for A) to do〉と〈X enough (for A) to do〉のどちらの構文も〈結果〉と〈程度〉を表しますが、まず〈結果〉の意味で訳してみて、それで問題があるようであれば〈程度〉の意味に切り替えて訳してみましょう。

Step | 基礎問題

次の英文を日本語に訳しなさい。

11. She was too tired to do her homework.

   (   )

12. They were too busy to have lunch today.

   (   )

13. This tea is too hot for me to drink.

   (   )

14. He is rich enough to buy a lot of rare books.

   (   )

15. We got up early enough to catch the first train.

   (   )

16. This box is light enough for a child to carry.

   (   )

17. This box is so heavy that I can't carry it.

   (   )

18. She studied English so hard that she got a perfect score on the exam.

   (   )

Words & Phrases

□ today：今日　□ rare：珍しい　□ catch a train：電車に間に合う

□ the first train：始発の電車　□ box：箱　□ light：軽い

□ carry A：Aを運ぶ、持ち歩く　□ heavy：重い

□ get a perfect score on A：Aで満点をとる

🔊 知覚動詞

> 9　**see A do：Aが～するのを見る**
> **see A doing：Aが～しているところを見る**
>
> (i) We saw a cat cross the street quickly.
>
> （私たちは猫が通りを素早く横切るのを見た）
>
> (j) We saw a cat crossing the street quickly.
>
> （私たちは猫が通りを素早く横切っているところを見た）

　知覚動詞とは「見る」（see）「聞く」（hear）「感じる」（feel）などの知覚の動作を表す動詞を指します。知覚動詞は、以下のようなかたちをとる場合、次のような意味を表します。

　　　〈動詞＋A＋do（動詞の原形）〉　：Aが～するのを（その一部始終を）…する
　　　〈動詞＋A＋doing（現在分詞）〉　：Aが～しているところを（その途中を）…する

　(i)と(j)の違いは、**横切り終わったところまで見たか、横切っている途中のところを見たか**ということです。この点については、(j)の例文の a cat と crossing の間に be 動詞を入れてみると、下のように**進行形**になることも参考にしてください。

　　　(j) We saw a cat crossing the street quickly.

　　　　　　　　↓

　　　a cat was crossing the street quickly

🔊 make

> 10　**主語 make A B：～がAにBをつくってあげる**
> 11　**主語 make A X：～がAをX（の状態）にする**
> 12　**主語 make A do：～がAに～させる**
>
> (k) My mother made me a beautiful dress.
>
> （母は私に美しいドレスをつくってくれた）
>
> (l) The dress made me happy.
>
> （そのドレスが私をうれしくした）
>
> (m) The dress made me feel happy.
>
> （そのドレスが私にうれしいと感じさせた）

　基本的な動詞にはさまざまな使い方がありますが、「作る」という意味をもつ make はその筆頭のひとつです。〈make A B〉については〈buy A B〉（A に B を買ってあげる）と同様のかたちであることに気付けばそう難しくはないでしょう。とくに注意してほしいのは、〈主語 make A X〉と〈主語 make A do〉です。この 2 つの構文はどちらも、make の前の主語は原因を、その後は結果を表します。先ほど挙げた訳語では直訳調で日本語としてぎこちなくなりますが、まずは make の前後に見られる因果関係を捉えられるようにしてください。

|原因| make |結果| ： 〜のために、〜によって　→ A を X にする、A に〜させる

そのドレスのために　　　→ 私はうれしくなった

そのドレスによって　　　→ 私はうれしいと感じた

Step ｜ 基礎問題

次の英文を日本語に訳しなさい。

19. We saw them entering the shop.

（　　　　　　　　　　　　　　　　　　　　　　　　　　　　　　　　）

20. I heard someone calling my name.

（　　　　　　　　　　　　　　　　　　　　　　　　　　　　　　　　）

21. We felt the earth shaking.

（　　　　　　　　　　　　　　　　　　　　　　　　　　　　　　　　）

22. The warm room made them sleepy.

（　　　　　　　　　　　　　　　　　　　　　　　　　　　　　　　　）

23. The job interview made me nervous.

（　　　　　　　　　　　　　　　　　　　　　　　　　　　　　　　　）

24. This mystery made the writer famous.

（　　　　　　　　　　　　　　　　　　　　　　　　　　　　　　　　）

25. His words made her feel sad.

（　　　　　　　　　　　　　　　　　　　　　　　　　　　　　　　　）

Words & Phrases

□ enter A：A に入る　□ someone：誰か　□ call A：A を呼ぶ　□ name：名前

□ earth：地面　□ shake：揺れる　□ warm：暖かい　□ sleepy：眠い

□ mystery：推理小説　□ job interview：就職の面接　□ word：ことば、単語

□ sad：悲しい

🔊 仮定法過去

> 13 **If I were A：もし（今）私が A であったならば**
>
> 14 **If I had A：もし（今）私が A をもっていたならば**
>
> (n) If I were you , I would apologize to her.
> 　　（もし私があなたであったならば、彼女に謝るだろうに）
>
> (o) I could buy a house if I had enough money .
> 　　（もし私に十分なお金があったならば、家を買うことができるのに）

　仮定法過去とは、**現在の事実とは反対の仮想（仮の想定）であることを表す動詞の形**のことです。ポイントは、**現在の仮想を表現するために、本来であれば過去の事柄を表す過去形を使う**という点です。(n)の例文では、**現在**の事柄でありながらも、**were** という**過去形**を使うことによって、現在の事実とは反対の仮想（現実には私はあなたではないのだけれども、もし私があなたであったならば）を表しています。また、(o)の例文では、**現在**の事柄でありながらも、**had** という**過去形**を用いることによって、現在の事実とは反対の仮想（現実には十分なお金がないのだけれども、もし十分なお金があったならば）を表しています。ふつう、仮定法過去は次のような構文で用いられます。

〈If ＋主語＋過去形 ～ , 主語＋ **would / could / might** ＋動詞の原形 ….〉
（もし今～ならば、[would] …するだろうに / [could] …できるのに / [might] …かもしれないのに）

(p) If they studied harder, they could pass the test.
　　（もし彼らがもっと一生懸命に勉強していれば、試験に合格できるのに）

(q) If they studied harder, they might pass the test.
　　（もし彼らがもっと一生懸命に勉強していれば、試験に合格するかもしれないのに）

　このほかに〈**I wish ＋主語＋（助）動詞の過去形 ～**〉（～であったらいいのになあ）という表現も覚えておきましょう。これは、〈**I wish**〉の後の部分に仮定法過去を用いることによって、**現在の事実とは異なる願望**を表す表現です。

(r) I wish I were rich. （私がお金持ちであったらいいのになあ）

(s) I wish I could speak English well. （私が英語を上手に話すことができたらいいのになあ）

Words & Phrases

□ might：may の過去形　□ harder：hard（一生懸命に）の比較級

Jump｜レベルアップ問題

26 〜 29 は与えられた語句を適切な語順に並べかえ、31 〜 35 は英文を和訳しなさい。
※ Words & Phrases は p. 150 に掲載。

26. 〔 is / to / children / at night / important / sleep / it / well / for 〕.
   （子どもたちにとっては夜によく眠ることが重要だ）
   (   )

27. 〔 my room / told / to / my mother / clean / me 〕.
   （母は私に自分の部屋を掃除するよういった）
   (   )

28. 〔 is / drink / for / too / this coffee / strong / me / to 〕.
   （このコーヒーはあまりに濃いので私には飲めない）
   (   )

29. 〔 me / enough / for / the exam / easy / finish / was / in time / to 〕.
   （試験は十分やさしかったので私は時間内に終わらせることができた）
   (   )

30. Blue light makes it difficult for us to sleep at night. 〈高認 R. 2-2 改〉
   (   )

31. I was so busy with all my studies, work, and activities that my sad feelings disappeared. 〈高認 R. 2-2 改〉
   (   )

32. I heard my wife preparing breakfast in the kitchen. 〈高認 R. 1-2〉
   (   )

33. She made a graph to make the yearly trends easier to see. 〈高認 H. 30-2〉
   (   )

34. He was kind enough to teach me how to dance. 〈高認 H. 30-1〉
   (   )

35. It is well known that smoking is dangerous and is connected to lung cancer.
   〈高認 H. 29-2 改〉
   (   )

147

解答・解説

基礎問題

問 1 ：お店のなかに 5 匹の犬がいた。

問 2 ：机の上に鍵があった。

問 3 ：その鍵は机の上にあった。

問 4 ：彼ら［彼女ら］は図書館にいた。

問 5 ：一人でこの山を登るのは簡単ではない。

問 6 ：あなたはすぐに医者に診てもらうことが必要だ［診てもらう必要がある］。

問 7 ：私の弟は私に（彼の）宿題を手伝ってくれるよう頼んだ。

問 8 ：（私は）あなたに私といっしょに来てもらいたいのですが。

問 9 ：彼女の両親は彼女に留学することを許した。

問 10：医者は私の父に喫煙をやめるよう強く忠告した。

問 11：〈結果〉彼女はあまりに疲れていたので宿題をすることができなかった。
　　　　〈程度〉彼女は宿題をするには疲れすぎていた。

問 12：彼らはあまりに忙しかったので今日は昼食をとることができなかった。

問 13：〈結果〉この紅茶はあまりに熱いので私には飲むことができない。
　　　　〈程度〉この紅茶は私が飲むには熱すぎる。

問 14：〈結果〉彼は十分にお金持ちなので多くの珍しい本を買うことができる。
　　　　〈程度〉彼は多くの珍しい本を買うことができるほど（十分）お金持ちだ。

問 15：〈結果〉私たちは十分に早く起きたので始発の電車に間に合った。
　　　　〈程度〉私たちは始発の電車に間に合うほど（十分）早く起きた。

問 16：〈結果〉この箱は十分に軽いので子どもが運ぶことができる。
　　　　〈程度〉この箱は子どもが運ぶことができるほど（十分）軽い。

問 17：この箱はとても重いので私には運ぶことができない。

問 18：彼女は英語をとても一生懸命に勉強したので試験で満点をとった。

問 19：私たちは彼らがお店に入るところを見た。

問 20：私は誰かが私の名前を呼んでいるのが聞こえた。

問 21：私たちは地面が揺れているのを感じた。

問 22：暖かい部屋が彼らを眠くした［〜のせいで彼らは眠くなった］。

問 23：就職の面接が私を緊張させた［〜のせいで私は緊張した］。

問 24：この推理小説がその作家を有名にした［〜によってその作家は有名になった］。

問 25：彼のことばが彼女に悲しいと感じさせた［〜のせいで彼女は悲しいと感じた］。

レベルアップ 問題

問 26 : It is important for children to sleep well at night.

◆it, is, for, to, sleep（動詞の原形）があることから形式主語構文〈It is X（for A）to do〉の語順に並べかえます。

問 27 : My mother told me to clean my room.

◆told, to, clean（動詞の原形）があることから〈tell A to do〉の語順に並べかえます。

問 28 : This coffee is too strong for me to drink.

◆too, for, to, drink（動詞の原形）があることから too 〜 to … 構文〈too X（for A）to do〉の語順に並べかえます。

◇紅茶やコーヒーの濃さについては、strong あるいは weak を用いて表すことができます。「濃い」場合には strong を、「薄い」場合には weak を用います。

問 29 : The exam was easy enough for me to finish in time.

◆enough, for, to, finish（動詞の原形）があることから〜 enough to … 構文〈X enough（for A）to do〉の語順に並べかえます。

問 30 : ブルーライトは私たちが夜に眠ることを難しくする。

◆makes it difficult の部分は、（Her smile）makes me happy. と同じ構造であり、「it を難しい状態にする」という意味です。ただ、この it は「それ」という意味を表すのではなく、後ろの for us to sleep at night（私たちが夜に眠ること）を指しています。makes for us to sleep at night difficult とすると、makes と difficult の関係がわかりにくくなることから、その間に it を置いて for us to sleep at night を文末にまわしています。このような it は目的語の位置に置かれることから形式目的語と呼ばれます。

問 31 : 私は自分の勉強、仕事、活動のすべてに忙しかったので私の悲しい感情はなくなった。

◆〈so X that 文〉の構文が用いられていますが、busy を修飾する〈前置詞＋名詞〉（with all my studies ...）が so と that の間に入り込んでいるために、so と that が離れてしまっています。このような場合もありますので、ときには視野を広くもって so と that のつながりに気付けるようにしましょう。

◇and について、2つの語句などを結ぶ場合は〈A and B〉ですが、3つ以上の語句などを結ぶ場合には〈A, B, and C〉と表記されます。この一文にある all my studies, work, and activities がその一例です。

問32：私は妻がキッチンで朝食の準備をしているのが聞こえた。

　　　◇知覚動詞 see と同じように、hear も〈hear A doing〉で「Aが〜しているのが聞こえる」という意味を表します。

問33：彼女は1年の傾向をもっと見えやすくするためにグラフを描いた。

　　　◆make the yearly trends easier to see の部分は、(Her smile)makes me happy. と同じく〈make A X〉（AをXの状態にする）という構造です。easier は形容詞 easy の比較級です。わかりやすくするために make A easy to see と書き換えてみると、easy to see という表現が見えやすくなるはずです。第1章第6課（p. 75）で学んだように easy to do で「〜しやすい」という意味を表しますから、easy to see で「見やすい、見えやすい」という意味です。これらをふまえて make A easy to see を直訳すれば、「Aを見えやすい状態にする」となります。

問34：彼は親切にも私に踊り方を教えてくれた。

　　　◇〈X enough（for A）to do〉の構文が使われていますので、「彼は十分親切だったので私に踊り方を教えてくれた」というように訳すこともできますが、〈be kind enough to do〉を「親切にも〜する」とする訳し方を覚えておきましょう。

問35：喫煙が危険であり、肺がんと関連があることはよく知られている。

　　　◆it が後ろの〈that＋文〉を指している形式主語構文〈It is X that 文〉です。この構文と語順に慣れてしまえば、That smoking is dangerous and is connected to lung cancer is well known. と書かれるよりも、結論がすぐにわかるこの構文のほうが理解しやすくなってくるでしょう。

Words & Phrases

□ well：十分に、よく　□ at night：夜に　□ strong：（お茶やコーヒーなどが）濃い
□ in time：時間内に　□ blue light：（スマートフォンなどの）ブルーライト
□ be busy with A：Aで忙しい　□ all my A：私のAのすべて　□ activity：活動
□ disappear：見えなくなる、なくなる　□ wife：妻　□ prepare A：Aを準備する
□ kitchen：キッチン、台所　□ make a graph：グラフを描く
□ yearly：1年の、毎年の　□ trend：傾向、流行　□ teach A B：AにBを教える
□ how to do：〜する方法、〜のしかた　□ dance：踊る
□ well known（well-known）：よく知られている、有名な　□ dangerous：危険な
□ be connected to A：Aと関連がある、Aとつながっている　□ lung cancer：肺がん

第3章
実戦編

Lesson 1 ｜ 大問1（文強勢）

大問1は、AさんとBさんの間で行われる対話文において、ある一文に下線が引かれ、下線部のうち最も強く発音される単語を選ぶ問題です。話し手が相手に最も伝えたいことは何か。これをつかむことが最大のポイントです。

🚩 Hop ｜ 解答のコツ！

大問1の文強勢問題は次のような形式で出題されます。

[1] 次の対話において、下線を引いた語の中で最も強く発音されるものを、①～④のうちから一つ選びなさい。〈高認 H. 30-2〉

> A : Mom, where's the chocolate cake we made this morning?
> B : It's on the counter.
> A : Can I have some before dinner?
> B : No, we're going to <u>eat</u> <u>it</u> <u>after</u> <u>dinner</u>.
> 　　　　　　　　　　　　　①　②　　③　　　④

全訳と解答

A：お母さん、今朝私たちが作ったチョコレートケーキはどこにあるの？

B：調理台の上にあるよ。

A：夕食の前にすこし食べてもいい？

B：ダメよ、夕食の後にチョコレートケーキを食べることにしているから。

解答：③

🖊 大問1（文強勢問題）の解答のコツ！

解答のコツ①：とくに下線部の前の文の内容を丁寧に読み取る。

解答のコツ②：下線部のなかで話し手が相手に最も伝えたい内容をつかむ。

①とくに下線部の前の文の内容を丁寧に読み取る

　下線部の前の文は、最も強く発音される単語を選ぶうえで最も重要な箇所です。その理由は、この前の文の内容によって、次の話し手が相手に伝えようとする内容が決まってくるからです。

　例題では、下線部の前の文は Can I have some before dinner?（夕食の前にすこし食べてもいい？）とお母さんに聞いています。

②下線部のなかで話し手が相手に最も伝えたい内容をつかむ

　前の文の内容をふまえて、下線部のなかで話し手が相手に最も伝えたい内容をピンポイントでつかみましょう。この伝えたい内容というのは、基本的に聞き手が知らない情報つまり新しい情報です。対話の相手である聞き手が知らない情報だからこそ、その部分に強勢が置かれるのです。大問1でよく見られるパターンは、以下の3つです。

　　　A：前文のある内容に対する主張・意見・提案
　　　B：前文のある内容に対する訂正
　　　C：前文の疑問文に対する直接的あるいは具体的な答え

ポイントは、対（ペア）になる内容をとらえることです。Aのパターンであれば X に対して Y だと主張する、Bのパターンであれば X ではなくて Y だと訂正する、Cのパターンであれば質問（X）と答え（Y）というように、対になる内容をつかむことにより、最も強く発音される単語の選択肢を確実に選べるようになります（後者の Y の部分が強く発音されます）。

　　　A : Can I have some | before dinner | ?
　　　B : No, we're going to eat it | after dinner |.

　例題では、Aさんの夕食の前に食べてもいいかという質問に対して、Bさんは夕食の後に食べるつもりだと返答しています。ここから、夕食の前に食べてもいいだろうと考えるAさんに対して、Bさんは夕食の後に食べることにしているからダメだと主張していることが読み取れます。

　対になる内容はできるだけピンポイントでつかむことが大事です。構造から絞り込むと、before dinner（夕食の前に）と after dinner（夕食の後に）が対に、さらにピンポイントにいえば before と after が対になっています。dinner についてはAさんもすでに知っている情報ですから、BさんはAさんの知らない情報である after（～の後に）という語を最も強く発音することになります。したがって、正解は③ after となります。

Step｜基礎問題

次の1から10までの対話において、下線を引いた語の中で最も強く発音されるものを、それぞれ①〜④のうちから一つずつ選びなさい。

1.　A：Oh, no! My laptop isn't working properly.

　　B：Maybe John broke it. He was using it yesterday.

　　A：No. I'm sure the problem is me. I have too many files open.
　　　　　　　　　 ①　　　 ②　　　③ ④

　　B：Well, close some files, then.〈高認 H. 30-2〉

> ◆下線部の前の文では、Bさんが「たぶん、ジョンがノートパソコンを壊したんだろうね。ジョンが昨日使っていたし」と言っています。この前文の内容をふまえて、下線部を含む文のなかで対になる内容（単語）を探しましょう。

2.　A：Are you coming to my concert, Linda?

　　B：Definitely. It's next weekend, right?

　　A：Yes, at 3 p.m. on Sunday.

　　B：Sunday? I thought it would be on Saturday.〈高認 H. 30-1〉
　　　　　　　　　　　　　　　　 ①　　②③　　　　④

> ◆下線部の前の文では、Aさんが「うん、日曜日の午後3時」と言っています。この前文の内容をふまえて、下線部を含む文のなかで対になる内容（単語）を探しましょう。

3.　A：Dad, I want to get a new laptop computer.

　　B：You already have one, Jason.

　　A：But it has a scratch on the screen. Look!
　　　　　 ①②　　　　 ③　　　④

　　B：That's not a problem at all.〈高認 H. 30-1〉

> ◆下線部の前の文では、Bさんが「すでにノートパソコンをもっているよね、ジェイソン」と言っています。それに対して、下線部を含む文でAさんはBさんに何を伝えようとしているでしょうか？　あるいは、聞き手であるBさんにとって新しい情報は何でしょうか？

4.　A：Welcome to Tony's Pizza. Do you have a reservation?

　　B：Yes, the name is Dixon.

　　A：OK. Mr. Dixon. For five people at 6:15...

　　B：Actually, <u>there</u> <u>are</u> <u>six</u> of <u>us</u>. I hope that's OK.〈高認 H. 29-2〉
　　　　　　　①　　②　　③　　　④

> ◆下線部の前の文では、Ａさんが「承知いたしました。ディクソン様ですね。6:15 に５名様
> で……」と言っています。この前文の内容をふまえて、下線部を含む文のなかで対になる
> 内容（単語）を探しましょう。

5.　A：Do you know when we have to hand in our essay?

　　B：Mr. Smith said that we should bring it to the next class.

　　A：Then I'll finish it this weekend.

　　B：No, that won't work. We <u>have</u> <u>the</u> <u>class</u> <u>tomorrow</u>.〈高認 H. 29-2〉
　　　　　　　　　　　　　　　①　　②　　③　　　　④

> ◆下線部の前の文では、Ａさんが「それなら、今週末にエッセイを終わらせよう」と言って
> います。この前文の内容をふまえて、下線部を含む文でＢさんはＡさんに何を伝えようと
> しているでしょうか？

6.　A：I'd like to return this vase and get a new one.

　　B：Is there something wrong with it, sir?

　　A：Yes, I noticed <u>some</u> <u>kind</u> <u>of</u> <u>crack</u> on the bottom.
　　　　　　　　　　　①　　　②　　③　　④

　　B：I'm very sorry. We'll exchange it for you.〈高認 H. 29-2〉

> ◆下線部の前の文の内容をふまえて、下線部を含む文のなかでＡさんがＢさんに最も伝え
> たいことは、ひと言でいえば何かと考えてみましょう。その伝えたい内容は基本的に相手の
> 知らない情報です。

7.　A：What a mess! Clean up your room, Tom!

　　B：But I'm busy doing my homework. I'll do it later.

　　A：No, you need <u>to</u> <u>do</u> <u>it</u> <u>now</u> !
　　　　　　　　　　　①②③　④

　　B：I'll do it right after I finish. I promise.〈高認 H. 29-1〉

> ◆同様に、下線部の前の文の内容をふまえて、下線部を含む文のなかでＡさんがＢさんに最
> も伝えたいことは、ひと言でいえば何かと考えてみましょう。

8.　A：What color do you think is best for a car?

　　B：I think red is cool.

　　A：Really? I think gray is better bacause you don't have to wash it so often.
　　　　　　① 　②　③　　　　　④

　　B：Yes, but it's boring.〈高認 H. 28-2〉

> ◆下線部の前の文の内容をふまえて、下線部の前の文と下線部を含む文の２つの文のなかで対になる内容（単語）を探しましょう。

9.　A：Rick, have you seen the new musical at the Diamond Theater?

　　B：No. Some drama critics say it's quite boring.

　　A：That's not true! I'm sure it's the best show I've ever seen.
　　　　　　　　　　　　　① ②　③　④

　　B：Really? Maybe I should go to see it myself.〈高認 H. 28-1〉

> ◆同様に、下線部の前の文の内容をふまえて、下線部の前の文と下線部を含む文の２つの文のなかで対になる内容（単語）を探しましょう。

10.　A：Ikumi, there's some cereal in the cupboard for breakfast tomorrow.

　　B：Which one should I eat? You have so many kinds.

　　A：You can eat whichever you like.
　　　　①　②　③　　　④

　　B：Thanks. I'll decide in the morning then.〈高認 H. 28-1〉

> ◆下線部の前の文の内容をふまえて、下線部を含む文のなかでＡさんがＢさんに最も伝えたいことは、ひと言でいえば何かと考えてみましょう。また、Ｂさんの質問に対する直接的な答えになる単語はどれかと考えてみると解答のヒントが得られるかもしれません。

🔑 解答・解説

問1：④

◆ジョンが前日にＡさんのノートパソコンを使っていたことから「ジョン」が壊したのだろうというＢさんに対して、Ａさんは下線部を含む文できっと問題は「私」にあると訂正しています。ここから、「ジョン」（John）と対になる「私」（me）がＢさんに最も伝えたい内容だとわかりますので、正解は ④ me となります。

◇work properly：ちゃんと機能する、動く

be sure that 文：〜だと確信している、きっと〜だと思う

have A open：Aを開けて［開けたままにして］おく

then：（前文の内容を受けて）それであれば、それなら

Ａ：ああ！　私のノートパソコンが（一時的に）ちゃんと動かなくなっちゃった。 Ｂ：たぶん、ジョンがノートパソコンを壊したんだろうね。ジョンが昨日使っていたし。 Ａ：ううん。きっと問題は私にあると思う。あまりに多くのファイルを開いたままにしているから。 Ｂ：まあ、それなら、いくつかファイルを閉じなよ。

問2：④

◆コンサートは「日曜日」の午後３時だというＡさんに対して、Ｂさんは下線部を含む文で「土曜日」にあるのだと思っていたと、コンサートの曜日について思い違いをしていたことを伝えています。ここから、「日曜日」（Sunday）と対になる「土曜日」（Saturday）がＡさんに最も伝えたい内容だとわかりますので、正解は ④ Saturday となります。

◇definitely：（質問に対して）もちろん　　文, right?：〜だよね？

Ａ：リンダ、私のコンサートに来る？ Ｂ：もちろん。来週末だよね？ Ａ：うん、日曜日の午後３時。 Ｂ：日曜日だって？　コンサートは土曜日にあるんだと思っていたよ。

問3：③

◆すでにノートパソコンをもっているではないかというＢさんに対して、Ａさんは下線部を含む文でノートパソコンの画面上にひっかき傷があると主張しています。Ｂさんにとって「ひっかき傷」は知らない内容、つまり新しい情報であることから、「ひっかき傷」（scratch）がＢさんに最も伝えたい内容だとわかりますので、正解は ③ scratch となります。

◇one：前出の単数名詞を指す。it も同様に前出の単数名詞を指すが、it が「同一の物」を指すのに対して、one は「同じ種類のうちのひとつ」を指す。

> A：お父さん、新しいノートパソコンがほしい。
> B：すでにノートパソコンをもっているよね、ジェイソン。
> A：でも、そのパソコンには画面上にひっかき傷があるんだ。ほら！
> B：それはまったく問題ないよ。

問4：③

◆「5名様」というAさんに対して、Bさんは下線部を含む文で実は「6名」いると訂正しています。ここから、「5名様」(five) と対になる「6名」(six) がAさんに最も伝えたい内容だとわかりますので、正解は③ six となります。

◇have a reservation：予約してある、予約している　　actually：実は、実をいうと

six of us：私たち6人　　I hope (that) 文：〜だといいが

> A：トニーズピザにようこそ。予約はされておりますか？
> B：はい、ディクソンの名前で。
> A：承知いたしました。ディクソン様ですね。6:15に5名様で……。
> B：実をいうと、私たちは6名いるのです。大丈夫だといいのですが。

問5：④

◆今週末にエッセイを終わらせようというAさんに対して、Bさんはそれではだめだと述べ、続いて下線部を含む文で授業が明日あることを伝えています。Aさんの発言から次の授業は来週だと考えていることが読み取れますから、Bさんは次の授業は来週ではなく「明日」であると間接的に訂正していることになります。ここから、「明日」(tomorrow) がAさんに最も伝えたい内容だとわかりますので、正解は④ tomorrow となります。

◇Mr. A：Aさん、A氏、A様、A先生　　bring A to B：AをBにもってくる

That won't work.：それはうまくいかない、それではだめだ

> A：いつエッセイを提出しなければならないか知っている？
> B：スミス先生はエッセイを次の授業にもってきなさいと言っていたよ。
> A：それなら、今週末にエッセイを終わらせよう。
> B：いや、それではだめだよ。授業があるのは明日だから。

問6：④

◆花瓶についてどこか不具合があったかとたずねるBさんに対して、Aさんは下線部を含む文で底にひびのようなものがあると主張しています。Bさんにとっ

て「ひび」は初耳の内容、つまり新しい情報であることから、「ひび」(crack)がBさんに最も伝えたい内容だとわかりますので、正解は④ crack となります。

◇I'd like to = I would like to

would like to do：〜したいのですが　※ want to do よりも丁寧な表現

There is something wrong with A：Aに不具合がある、Aの具合が悪い

some kind of A：Aのようなもの

> A：この花瓶を返品して、新しいものをいただきたいのですが。
> B：花瓶にどこか不具合がございましたか？
> A：はい、底にひびのようなものがあることに気が付きました。
> B：大変申し訳ございません。交換させていただきます。

問7：④

◆宿題をするのに忙しいから「後で」掃除をするというBさんに対して、Aさんは下線部を含む文で「今」しなければならないと主張しています。ここから、「後で」(later) と対になる「今」(now) がBさんに最も伝えたい内容だとわかりますので、正解は④ now となります。

◇What a mess!：なんと散らかっていることか！

be busy doing：〜するのに忙しい　　right after 文：〜したらすぐに、〜の後すぐに

> A：なんて散らかりようなの！　部屋をきれいに掃除しなさい、トム！
> B：でも、宿題をするのに忙しいんだ。後で掃除する。
> A：いいえ、今掃除しなければいけません！
> B：(宿題が) 終わったらすぐに掃除するよ。約束する。

問8：②

◆「赤色」がかっこいいというBさんに対して、Aさんは下線部を含む文で「灰色」のほうが良いと主張しています。ここから、「赤色」(red) と対になる「灰色」(gray) がBさんに最も伝えたい内容だとわかりますので、正解は② gray となります。

◇What A do you think is best?：どんなAが最も良いと思う？

don't have to do：〜する必要はない　　so often：非常にたびたび、しょっちゅう

> A：車についてはどんな色が一番良いと思う？
> B：赤色がかっこいいと思う。
> A：本当に？　私はしょっちゅう洗車する必要がないことから灰色のほうが良いと思う。
> B：そうだね、でも灰色はつまらないよ。

問9：③

◆まったく「つまらない」と述べる演劇評論家もいるというBさんに対して、A
　さんはそれは違うと述べ、続いて下線部を含む文でこれまでに観てきたなかで
　「最高の」ショーであると訂正あるいは主張しています。ここから、「つまら
　ない」（boring）と対になる「最高の」（best）がBさんに最も伝えたい内容だ
　とわかりますので、正解は③ best となります。

◇some A：（なかには）Aもある、いる　※「多少の」という意味とは限らない。

　quite：まったく、完全に、かなり、とても

　That's not true.：それは違う、本当ではない

A：リック、ダイアモンド劇場の新しいミュージカルを観た？
B：ううん。そのミュージカルがまったくつまらないという演劇評論家もいるからね。
A：それは違う！　私はこれまでに観てきたなかで最高のショーだと確信しているよ。
B：本当？　自分自身で観に行くべきかもしれないな。

問10：④

◆非常に多くの種類があるシリアルのなかで「どの」シリアルを食べていいのか
　とたずねるBさんに対して、Aさんは下線部を含む文で好きなものを「どれで
　も」食べていいと答えています。ここから、「どの」（which）という質問に対
　する「どれでも」（whichever）という答えがBさんに最も伝えたい内容だと
　わかりますので、正解は④ whichever となります。

◇which A：どちらのA、どのA

　whichever you like：好きなもの［ほう］をどれでも

A：イクミ、明日の朝食用に戸棚のなかにシリアルがあるからね。
B：どのシリアルを食べていいの？　とてもたくさんの種類があるよね。
A：どれでもあなたが好きなものを食べていいよ。
B：ありがとう。それなら、朝になってから決めることにする。

Jump｜レベルアップ問題

次の **11** から **15** までの対話において、下線を引いた語の中で最も強く発音されるものを、それぞれ ①〜④のうちから一つずつ選びなさい。

11. A：It looks like it might rain on sports day.

    B：Are you serious? It rained last year and the year before that, too.

    A：Maybe we'll get lucky and it won't rain.

    B：Yes, it would be nice <u>to</u> <u>have</u> some <u>sun</u> <u>for</u> a change. 〈高認 H. 30-1〉
    ① ② ③ ④

12. A：Rob, do you have some water? I'm very thirsty.

    B：Sorry, I've already finished my bottle.

    A：Oh, no! I really want some water.

    B：Why <u>don't</u> <u>you</u> <u>buy</u> <u>some</u> at the next convenience store? 〈高認 H. 29-1〉
    ① ② ③ ④

13. A：You really should try the crab with spicy chili sauce.

    B：Well, I like crab, but I don't like hot and spicy food.

    A：That's too bad.

    B：I wonder if I <u>can</u> <u>get</u> <u>it</u> <u>without</u> the spicy sauce. 〈高認 H. 29-1〉
    ① ② ③ ④

14. A：Are you still jogging with your dog these days?

    B：No, not anymore.

    A：Oh, why not?

    B：She's been sick, so now I <u>like</u> <u>to</u> <u>walk</u> <u>her</u> instead. 〈高認 H. 28-2〉
    ① ② ③ ④

15. A：What happened to your left leg, Linda?

    B：I fell off a skateboard.

    A：I thought <u>I</u> told <u>you</u> <u>not</u> <u>to</u> skateboard!
    ① ② ③ ④

    B：Sorry, Mom. 〈高認 H. 28-1〉

解答・解説

問 11 ： ③

　◆この対話では体育祭の日の天気、具体的にはその日には「雨が降る」（rain）ことを話題にしています。運がよければ雨が降らないかもしれないというＡさんに対して、Ｂさんは下線部を含む文で同意を示し、「太陽」が出てくれたらいいなと応じています。ここから、「雨が降る」（rain）と対になる「太陽」（sun）がＡさんに最も伝えたい内容だとわかりますので、正解は③ sun となります。

　◇it looks like 文：〜しそうだ　　get lucky：運がよくなる

　　it would be nice to do：〜したらいいな

　　for a change：たまには、めずらしく

Ａ：体育祭の日には雨が降りそうだ。
Ｂ：本当なの？　去年もおととしも雨が降ったんだよ。
Ａ：運がよければ雨が降らないかもしれないね。
Ｂ：うん、めずらしく太陽が出てくれたらいいな。

問 12 ： ③

　◆この対話ではＡさんののどの渇きを話題にしています。水がほしいというＡさんに対して、Ｂさんは下線部を含む文で隣のコンビニで買ってきたらどうかと提案しています。その具体的な提案内容をひと言でいえば「買う」ということです。このことから、「買う」（buy）がＡさんに最も伝えたい内容だとわかりますので、正解は③ buy となります。

　◇Why don't you do?：〜したらどうか？

Ａ：ロブ、お水をもっている？　すごくのどが渇いて。
Ｂ：ごめん、自分のボトルはもう空になっちゃった。
Ａ：そんな！　お水がどうしてもほしいんだよ。
Ｂ：隣のコンビニエンスストアで買ってきたらどう？

問 13 ： ④

　◆この対話ではチリソースで調理されたカニ料理を話題にしています。下線部の前の文でＡさんは「それは残念」と述べていますが、「それ」とはＢさんがカニは好きだが辛い食べ物が苦手だということです。「それは残念」というＡさんの発言を受けて、Ｂさんは下線部を含む文で香辛料の効いたソースなしで食べられないかしらと応じているわけです。このことから、（with spicy chili sauce の with と対になる）「〜なしで」（without）がＡさんに最も伝えたい内容だとわかりますので、正解は④ without となります。

◇That's too bad.：それは残念　　　wonder if 文：～かしら［～かな］（と思う）

> Ａ：カニのチリソースをぜひ食べてみたほうがいいよ。
> Ｂ：うーん、カニは好きなんだけれども、香辛料の効いた辛い食べ物が苦手でね。
> Ａ：それは残念。
> Ｂ：香辛料の効いたソース抜きで食べられないかしら。

問 14：③

◆この対話では主にＡさんの愛犬を話題にしています。下線部の前の文でＡさん
は「どうして？」とたずねていますが、具体的にはＡさんがもう愛犬とともに
ジョギングをしていない理由を問うています。これを受けて、Ｂさんは下線部
を含む文で、愛犬が病気になってしまったからと答え、続いて今は代わりに
愛犬を散歩させていると答えています。このことから、（are you jogging with
your dog の jog と対になる）「散歩させる」（walk）がＡさんに最も伝えたい内
容だとわかりますので、正解は③ walk となります。

◇not ～ anymore：もはや［これ以上］～ない

Why not?：どうして？（「なぜ～しないのか」と理由を問う）

like to do：（いつも）～するようにしている

> Ａ：最近も変わらず愛犬といっしょにジョギングしているの？
> Ｂ：いや、もうしていないよ。
> Ａ：おや、どうして？
> Ｂ：あの子は病気になってしまってね。それで、今は代わりに散歩させるようにしている
> 　んだ。

問 15：③

◆この対話では主にＡさんの怪我を話題にしています。下線部の前の文でＢさん
は「スケートボードから落ちたんだ」と答えていますが、これは「左足はどう
したの？」というＡさんの質問に対する答えです。これを受けて、Ａさんは下
線部を含む文でスケートボード遊びをしないよういったよねと述べています。
このことから、「～しない」（not）がＢさんに最も伝えたい内容だとわかりま
すので、正解は③ not となります。

◇What happened to A?：Ａに何が起きたのか？　　　fall off A：Ａから落ちる

tell A not to do：Ａに～しないよういう

> Ａ：リンダ、左足はどうしたの？
> Ｂ：スケートボードから落ちたんだ。
> Ａ：あなたにスケートボード遊びをしないよういったと思ったけれど。
> Ｂ：ごめんなさい、お母さん。

Lesson 2 大問2（対話文完成）

大問2は、AさんとBさんの間で行われる対話文において、ある一部分が空欄となっており、その空所に当てはまる適切な一文（語句）を選ぶ問題です。2人の会話の流れをしっかりつかんだうえで選択肢を選びましょう。

Hop｜解答のコツ！

大問2の対話文完成問題は次のような形式で出題されます。

2 次の対話文の _____ 内に入れるのに最も適当なものを、①～④のうちから一つ選びなさい。〈高認 H. 29-2〉

(At a station)

A : Excuse me. Could you tell me where the City Hall is?

B : Well, it's a little far from here.

A : _____

B : You should take a bus or a taxi.

① How can I get there?　　② When is it open?

③ What is it called?　　④ Where is the nearest entrance?

全訳と解答

（駅にて）

A：すみません。市役所がどこにあるかを教えていただけますか？

B：ええと、ここからはすこし遠いですね。

A：そこにはどうやって行くことができますか？

B：バスかタクシーに乗るのがいいですよ。

① そこにはどうやって行くことができますか？　　② いつ開いていますか？

③ それは何と呼ばれていますか？　　④ 最寄りの入り口はどこですか？

解答：①

💡 大問2（対話文完成問題）の解答のコツ！

> 解答のコツ①：冒頭の（　　　）内に示されている場所や設定を確認する。
> 解答のコツ②：とくに空所の前後の文から会話の流れをつかむ。

💡 ①冒頭の（　　　）内に示されている場所や設定を確認する

　この対話文完成問題では、冒頭に（　　　）内に対話の場所や設定が示されているので、必ず確認するようにしましょう。ここに示される**場所や設定から、対話の状況や登場人物がある程度推測できる**からです。たとえば、**At school**（学校にて）とあれば先生と生徒あるいは友達どうしの対話、**At an office**（会社にて）とあれば同僚どうしの対話、**At a shop**（お店にて）とあれば店員と客の対話……というように推測ができます。

　例題では、At a station（駅にて）とありますので、駅員と乗客あるいは駅にいた乗客どうしの対話ではないかと推測できます。

💡 ②とくに空所の前後の文から会話の流れをつかむ

　空所の前後の文は、空所に当てはまる選択肢を選ぶうえで最も重要な箇所です。その理由は**この前後の文の会話の流れに沿った内容の文が空所に入る**からです。たとえば、空所の前の文が疑問文であれば、空所にはそれに対する答えが入るはずですし、空所に疑問文が入るのであれば、空所の後の文はそれに対する答えとなっているはずです。

A : Excuse me. Could you tell me where the City Hall is?

B : Well, it's a little far from here.

A : ┌─────────┐

B : You should take a bus or a taxi.

① How can I get there?　　　② When is it open?

③ What is it called?　　　④ Where is the nearest entrance?

　例題では、選択肢の文がすべて疑問文であることから**空所に疑問文が入ることになりますので、空所の後の文はそれに対する答えとなっている**はずです。空所の後の文でBさんは交通手段に言及していますから、市役所に行こうとしているAさんはそこへの行き方をたずねたことがわかります。したがって、正解は① How can I get there?（そこにはどうやって行くことができますか？）となります。なお、空所の前の文ではBさんがここからはすこし距離があると述べていることからも、この流れで市役所への行き方をたずねるのは会話の展開として自然だということが確認できます。

Step｜基礎問題

次の1から10までの対話文の　　　　　内に入れるのに最も適当なものを、それぞれ①〜④のうちから一つずつ選びなさい。

1.　（At home）

A：How are you going to Ryan's birthday party?

B：　　　　　

A：I think you should take the train. You may get caught in a traffic jam on Sunday.

B：I see. Maybe I'll go by train then.〈高認 H. 30-2〉

① I'm afraid I can't go.　　　　② I'm thinking of driving there.

③ I'll get him a gift today.　　　④ I'll buy a ticket for you.

◆「家にて」とありますから、おそらく親子か夫婦の対話でしょう。登場人物の推測はごく簡単なもので構いません。空所の前の文は疑問文ですので、空所にはそれに対する答えが入ります。疑問詞を用いた疑問文の場合は、疑問詞の意味をよく確認しましょう。なお、空所の後の文もヒントになることがあります。

2.　（At an office）

A：I'm going to the convenience store downstairs to get something to eat.

B：Oh, really? Could you get something for me?

A：OK.　　　　　

B：Just a cup of coffee with cream, please.〈高認 H. 30-2〉

① Where will you stay?　　　　② When are you free?

③ What would you like?　　　　④ Why are you so busy?

◆空所に疑問文が入ることになるので、空所の後の文はそれに対する答えとなっているはずです。Aパターン：空所の前の文が疑問文である。Bパターン：空所に疑問文が入る。この2つは大問2における典型的な出題パターンです。まずは、この2つの出題パターンの問題を確実に正解できるようになりましょう。

3. (At a Lost and Found Office)

A：Hello. I lost my umbrella a little while ago. I think I left it in the food court.

B：Can you describe it?

A：Well, _____

B：Yes, we've got it here. Someone found it and turned it in. 〈高認 H. 30-2〉

① on the chair, near the donut shop.　　② it was hard to find it.

③ it's black, with a wooden handle.　　④ as soon as possible.

◆「遺失物取扱所にて」とありますから、おそらく物を失くした人と係の人の対話でしょう。空所の前の文は疑問文ですので、空所にはそれに対する答えが入ります。明らかに誤りだと考えられる選択肢は消していきましょう。そのようにして設問を解くようにするだけでも正答率が高まります。

4. (At a department store)

A：Can I see that blue shirt?

B：Sure. Here you go.

A：What a beautiful color! _____

B：Of course. The fitting room is over there. 〈高認 H. 30-1〉

① How much does it cost?　　② Can I try it on?

③ Where is the cashier?　　④ May I talk with you?

◆「デパートにて」とありますから、おそらく客と店員の対話でしょう。空所に疑問文が入ることになるので、空所の後の文はそれに対する答えとなっているはずです。大問2では、選択肢にあるような助動詞を用いた慣用表現がたびたび登場します。

5. (At home)

A：Mom, will you help me with my homework?

B：_____

A：Could you help me after you finish?

B：OK, but you have to try it yourself first. 〈高認 H. 30-1〉

① I'm happy to go with you.　　② I'm doing your homework.

③ I'm feeling better.　　④ I'm busy with the dishes.

◆「家にて」とありますから、親子の対話でしょう。親子の対話であることはAさんが Mom（お母さん）と呼び掛けていることからもわかります。空所の前の文は疑問文ですので、空所にはそれに対する答えが入ります。

6.　(On a tour bus)

A：Isn't Tokyo great, especially in spring? I'm having such a good time.

B：You've come at the right time. The cherry blossoms are at their best now.

A：\boxed{}

B：Yes. This is my seventh visit.〈高認 H. 30-1〉

① Do you come to Tokyo often?　　② Can we visit the city together?

③ Are you from Tokyo?　　④ Shall we go by bus?

◆「観光バスで」とありますから、おそらく観光客どうしの対話でしょう。空所に疑問文が
入ることになるので、空所の後の文はそれに対する答えとなっているはずです。Yes / No
でまず答えている場合には、その後にある補足がヒントとなります。

7.　(At a sandwich shop)

A：May I help you?

B：I'd like a ham sandwich, please.

A：\boxed{}, sir?

B：Cheese, mustard, and tomatoes, please.〈高認 H. 29-2〉

① Would you like something to drink　　② Can we say that again

③ What would you like in it　　④ Will you heat it up for me

◆「サンドウィッチ屋にて」とありますから、店員と客の対話でしょう。それはＡさんが
May I help you?（いらっしゃいませ）と述べていることからもわかります。空所に疑問文
が入ることになるので、空所の後の文はそれに対する答えとなっているはずです。

8.　(At a sports club)

A：May I help you?

B：Yes. I'd like to join this sports club.

A：OK. \boxed{}

B：Yes, I brought my driver's license. Here you are.〈高認 H. 29-2〉

① Do you often come here?　　② Do you have any ID?

③ Are you interested in sports?　　④ Are you leaving now?

◆空所に疑問文が入ることになるので、空所の後の文はそれに対する答えとなっているはず
です。まず、Yes と答えていますから、ヒントはその後の補足部分にあります。

9.　(At school)

　　A：What happened to you, Diana?

　　B：☐

　　A：Really? I'm sorry to hear that. How did it happen?

　　B：I fell down the stairs at the station. 〈高認 H. 29-1〉

　　① I got a haircut.　　　　　　　② I won the basketball game.

　　③ I went there yesterday.　　　　④ I broke my arm.

┌───┐
│ ◆「学校にて」とありますから、おそらく生徒どうしの対話でしょう。空所の前の文は疑問 │
│ 　文ですので、空所にはそれに対する答えが入ります。空所の後の会話の流れもヒントにな │
│ 　ります。 │
└───┘

10.　(At a clinic)

　　A：What seems to be the problem, Ms. Kerr?

　　B：I'm feeling sick. I have a fever, headache, and a sore throat.

　　A：☐

　　B：Last night, after I got home from work. 〈高認 H. 29-1〉

　　① Where did you get them?　　　　② When did the problem start?

　　③ What made you feel so sick?　　　④ Why did it take that long?

┌───┐
│ ◆「診療所にて」とありますから、医者と患者の対話でしょう。空所に疑問文が入ることに │
│ 　なるので、空所の後の文はそれに対する答えとなっているはずです。空所の前からの会話 │
│ 　の流れもつかんでおくと、よりスムーズに解答できるようになります。 │
└───┘

解答・解説

問1：②

　◆空所の前の文は「ライアンの誕生日パーティーにどうやって行こうとしているの？」という交通手段をたずねる疑問文ですから、空所にはそれに対する答えが入ることがわかります。したがって、正解は② I'm thinking of driving there.（車で行こうと考えているよ）となります。

　◇get caught in A：A［好ましくないこと］にあう

　　traffic jam：交通渋滞

　　I see.：わかりました、なるほど

　　I'm afraid（that）文：申し訳ないのですが〜、すみませんが〜、残念ながら〜

　　get A B：AのためにBを買う

（家にて）
A：ライアンの誕生日パーティーにどうやって行こうとしているの？
B：車で行こうと考えているよ。
A：電車に乗って行ったほうがいいと思うな。日曜の交通渋滞にあうかもしれないから。
B：なるほど。それなら、たぶん電車で行くことにするよ。

① 残念だけれども行けないんだ。　　　　② 車で行こうと考えているよ。

③ 彼のために贈り物を今日買うよ。　　　④ あなたのためにチケットを買うよ。

問2：③

　◆空所には疑問文が入りますから、空所の後の文つまり「ちょっとクリーム入りのコーヒーをひとつお願いします」は空所に入る疑問文に対する答えです。したがって、正解は③ What would you like?（何がほしいのですか？）となります。

　◇get B for A（= get A B）：AのためにBを買う

　　just：（頼みごとをするときに）ちょっと

　　would like A：Aがほしい（のですが）　※ want A よりも丁寧な表現

（オフィスにて）
A：何か食べ物を買いに下の階のコンビニに行きますが。
B：あっ、本当ですか？　私に何か買ってきていただけますか？
A：いいですよ。何がほしいのですか？
B：ちょっとクリーム入りのコーヒーをひとつお願いします。

① どこに滞在しますか？　　　　　② いつお暇ですか？

③ 何がほしいのですか？　　　　　④ なぜそんなに忙しいのですか？

問3：③

◆ 空所の前の文は「傘の特徴を教えてもらえますか？」という依頼を表す疑問文
ですから、空所にはそれに対する答えが入ることがわかります。したがって、
正解は③ it's black, with a wooden handle.（木製の柄で、黒色です）となります。

◇Lost and Found（Office）：遺失物取扱所

a little while ago：すこし前に

leave A：Aを置き忘れる

describe A：Aの特徴を述べる

turn A in [in A]：Aを届ける、Aを提出する

（遺失物取扱所にて）
A：すみません。すこし前に傘を失くしてしまって。フードコートに置き忘れたと思うの
　　ですが。
B：傘の特徴を教えてもらえますか？
A：ええと、木製の柄で、黒色です。
B：はい、ここにありました。ある人がこの傘を見つけて届けてくれました。

① ドーナツ屋の近くで、椅子の上です。　　② それを見つけることは難しかったです。

③ 木製の柄で、黒色です。　　④ できるだけ早く。

問4：②

◆ 空所には疑問文が入りますから、空所の後の文つまり「もちろんです。試着室
はあちらにございます」は空所に入る疑問文に対する答えです。したがって、
正解は② Can I try it on?（試着してみてもいいですか？）となります。

◇Here you go.（＝ Here you are.）：はいどうぞ

What (a/an) X A!：なんと［なんて］XなAだ！

try A on [on A]：Aを試着する

（デパートにて）
A：あの青いシャツを見せてもらえますか？
B：はい。どうぞ。
A：なんて綺麗な色なの！　試着してみてもいいですか？
B：もちろんです。試着室はあちらにございます。

① それはいくらですか？　　　　　② 試着してみてもいいですか？

③ レジはどこですか？　　　　　　④ あなたとお話してもよろしいですか？

問5：④

　　　◆空所の前の文は「私の宿題を手伝ってくれない？」という依頼を表す疑問文ですから、空所にはそれに対する答えが入ることがわかります。したがって、正解は④ I'm busy with the dishes.（お皿洗いで忙しいの）となります。忙しい（から今は無理だ）という返答を受けて、空所の後の文で終わった後ならば手伝ってもらえるかと再度たずねているわけです。

　　◇yourself：自分（自身）で、自ら

　　　be happy to do：喜んで〜する、〜してうれしい

　　　feel better：気分が（前より）良い　※ better は good の比較級

（家にて）
A：お母さん、私の宿題を手伝ってくれない？
B：お皿洗いで忙しいの。
A：（それが）終わってから手伝ってもらえない？
B：わかった、でもまずは宿題を自分自身でやってみなければいけませんよ。

① 喜んであなたといっしょに行くよ。　　② あなたの宿題をしているところよ。

③ 気分がよくなってきたわ。　　　　　④ お皿洗いで忙しいの。

問6：①

　　　◆空所には疑問文が入りますから、空所の後の文つまり「ええ。これで（東京は）7度目ですね」は空所に入る疑問文に対する答えです。したがって、正解は① Do you come to Tokyo often?（東京にはよくいらっしゃるのですか？）となります。

　　◇have a good time：楽しいときを過ごす、楽しむ

　　　at the right time：適切なときに

　　　at one's best：最高の状態で

（観光バスで）
A：とくに春の東京というのはすばらしくありませんか？　とっても楽しんでいます。
B：ちょうどいいときにいらっしゃいましたね。桜の花は今が盛りですから。
A：東京にはよくいらっしゃるのですか？
B：ええ。これで（東京は）7度目ですね。

① 東京にはよくいらっしゃるのですか？　　② いっしょに町を訪れることはできますか？

③ 東京のご出身ですか？　　　　　　　　④ バスで行きませんか？

問7：③

◆空所には疑問文が入りますから、空所の後の文つまり「チーズとマスタードとトマトをお願いします」は空所に入る疑問文に対する答えです。したがって、正解は③ What would you like in it（ハムサンドウィッチのなかに何をお入れしましょうか）となります。

◇May I help you?：いらっしゃいませ

Would you like A?：Aはいかがですか？

heat A up [up A]：Aを温める

（サンドウィッチ屋にて）
A：いらっしゃいませ。
B：ハムサンドウィッチをいただけますか。
A：ハムサンドウィッチのなかに何をお入れしましょうか？
B：チーズとマスタードとトマトをお願いします。

① 何か飲み物はいかがですか

② もう一度言ってもらえますか

③ ハムサンドウィッチのなかに何をお入れしましょうか

④ それを温めてもらえますか

問8：②

◆空所には疑問文が入りますから、空所の後の文つまり「はい、運転免許証を持ってきました」は空所に入る疑問文に対する答えです。したがって、正解は② Do you have any ID?（何か身分証明書をお持ちですか？）となります。

◇ID：身分証明書 （＝ ID card, identification [identity] card）

driver's license：運転免許証

（スポーツクラブにて）
A：いらっしゃいませ。
B：はい。このスポーツクラブに入会したいのですが。
A：わかりました。何か身分証明書をお持ちですか？
B：はい、運転免許証を持ってきました。どうぞ。

① ここにはよくいらっしゃるのですか？　　② 何か身分証明書をお持ちですか？

③ スポーツにご興味があるのですか？　　④ 今、お帰りになりますか？

問9：④

　　　◆空所の前の文は「ダイアナ、どうしたの？」という心配や気遣いを表す疑問文
　　　ですから、空所にはそれに対する答えが入ることがわかります。したがって、
　　　正解は④ I broke my arm.（腕を骨折しちゃってね）となります。骨折したという
　　　返答を受けて、空所の後の文で「それはお気の毒に」と述べているわけです。

　　◇I'm sorry to hear that.：それはお気の毒に、それは残念、それはかわいそうに

　　　fall down A：Aから落ちる、転げ落ちる

　　　get a haircut：髪を切る、散髪する

（学校にて）
A：ダイアナ、どうしたの？
B：腕を骨折しちゃってね。
A：そうなの？　それはお気の毒に。どうして骨折してしまったの？
B：駅の階段から転げ落ちちゃったんだ。

① 髪を切ったんだ。　　　　　　　　　② バスケットボールの試合で勝ったんだ。

③ 昨日そこに行ったんだ。　　　　　　④ 腕を骨折しちゃってね。

問10：②

　　　◆空所には疑問文が入りますから、空所の後の文つまり「昨夜、仕事から帰宅し
　　　たあとです」は空所に入る疑問文に対する答えです。したがって、正解は②
　　　When did the problem start?（その症状はいつから出はじめましたか？）となります。

　　◇What seems to be the problem?：どうなさいましたか？

　　　problem：症状、疾患

　　　get home（from A）：（Aから）帰宅する

　　　take long：時間がかかる、手間取る

（診療所にて）
A：どうなさいましたか、カーさん？
B：気分が悪いのです。熱と頭痛とのどの痛みがあります。
A：その症状はいつから出はじめましたか？
B：昨夜、仕事から帰宅したあとです。

① どこでそれら（の症状）をもらったのですか？

② その症状はいつから出はじめましたか？

③ どうしてそんなに気分が悪くなったのですか？

④ なぜそれにそんなに時間がかかったのですか？

Jump｜レベルアップ問題

次の 11 から 15 までの対話文の _____ 内に入れるのに最も適当なものを、それぞれ①〜④のうちから一つずつ選びなさい。

11. （On an airplane）

    A：Excuse me, but I think this is my seat. What's your seat number?

    B：It's 16C.

    A：16C is in front of this seat, sir.

    B：Oh, _____ 〈高認 H. 30-2〉

    ① I'm sorry.   ② you're welcome.
    ③ it's my suitcase.   ④ it's a lovely day.

12. （At a newly-opened restaurant）

    A：Did you enjoy your dinner?

    B：Yes, very much. That mushroom pizza was great!

    A：I'm glad you liked it. _____

    B：I'd love to. I'd like to try your other pizzas, too. 〈高認 H. 29-2〉

    ① Please come back again.   ② Please be quiet here.
    ③ Don't be late next time.   ④ Don't eat too much.

13. （At a station）

    A：Are we ready to go?

    B：Not yet, Mr. Morris. We're still waiting for Jenny.

    A：Oh, I forgot to tell you. _____

    B：OK, everyone is here then. 〈高認 H. 29-1〉

    ① She can't come today.   ② I'm not ready.
    ③ I have plenty of time.   ④ She's leaving soon.

14.　（At home）

　　A：It's raining again today.

　　B：▢

　　A：No. I'm sure it'll be too crowded.

　　B：Still, I think it's better than staying at home. 〈高認 H. 29-1〉

　　① Why don't we watch a DVD at home?

　　② Is it going to clear up tomorrow?

　　③ Can I borrow your umbrella?

　　④ Shall we go to the shopping mall?

15.　（At a movie theater）

　　A：Two tickets for the 7:15 showing of *Island of Zombies*.

　　B：Sorry, but that show is sold out.

　　A：Well, ▢

　　B：Yes, but just a few at the front. 〈高認 H. 29-1〉

　　① can we sit anywhere in the theater?

　　② is it a popular movie?

　　③ are there any seats for the next show?

　　④ have you seen that film?

解答・解説

問 11 : ①

◆空所の前の文が疑問文ではなく、空所に入るのが疑問文でもない場合には、全体の対話の流れをつかむ必要があります。Aさんがまず「すみませんが、ここは私の座席だと思うのですが」と切り出して、座席番号をたずねます。Bさんの返答を受けて、Aさんは「16 Cはこの座席の前ですね」と伝えています。このような展開から、Bさんは自分の座席を間違っていたことがわかります。したがって、正解は① I'm sorry.（すみません）となります。

◇You're welcome.：どういたしまして

It's a lovely day.：いい天気だ

（機内にて）
A：すみませんが、ここは私の座席だと思うのですが。座席番号は何番ですか？
B：16 Cです。
A：16 Cはこの座席の前ですね。
B：ああ、すみません。

① すみません。　　　　　　　　　　② どういたしまして。

③ それは私のスーツケースです。　　④ いいお天気ですね。

問 12 : ①

◆Aさんが「お食事を楽しんでいただけましたか？」とたずねると、Bさんは「ええ、とっても。あのマッシュルームピザは最高でした！」と答えています。その返答にAさんは「お気に召したようでうれしいです」と応じて、さらにことばを続けます。この続きのことばを受けて、Bさんが「喜んで。ほかのピザも食べてみたいわ」と述べていることから、またの来店を促す内容のことばが空欄に入ることがわかります。したがって、正解は① Please come back again.（ぜひまたいらしてください）となります。

◇be glad（that）文：～ということがうれしい

would love to do：ぜひ～したい、喜んで～したい

（新しく開店したレストランにて）
A：お食事を楽しんでいただけましたか？
B：ええ、とっても。あのマッシュルームピザは最高でした！
A：お気に召したようでうれしいです。ぜひまたいらしてください。
B：喜んで。ほかのピザも食べてみたいわ。

① ぜひまたいらしてください。　　　② ここではお静かにお願いします。

③ 次は遅れないでください。　　　　④ 食べ過ぎないでください。

問 13：①

◆ A さんが「出発する準備はできましたか？」とたずねると、B さんは「まだです、モリスさん。まだジェニーを待っているところです」と答えています。その返答に A さんは「あっ、伝えるのを忘れていました」と応じて、さらにことばを続けます。この続きのことばを受けて、B さんが「わかりました、それならば全員揃っています」と述べていることから、ジェニーは欠席するという内容のことばが空欄に入ることがわかります。したがって、正解は① She can't come today.（ジェニーは今日来ることができません）となります。

◇be ready to do：～する準備ができている

　plenty of A：たくさんの A、十分な A

（駅にて）
A：出発する準備はできましたか？
B：まだです、モリスさん。まだジェニーを待っているところです。
A：あっ、伝えるのを忘れていました。ジェニーは今日来ることができません。
B：わかりました、それならば全員揃っています。

① ジェニーは今日来ることができません。　② 私は準備ができていません。

③ 私には十分な時間があります。　　　　　④ ジェニーはまもなく出発します。

問 14：④

◆空所には疑問文が入りますから、空所の後の文つまり「いや、よしておこう。きっとあまりに混雑すると思うよ」は空所に入る疑問文に対する答えです。したがって、正解は④ Shall we go to the shopping mall?（ショッピングモールに行かない？）となります。

◇still：それでも

　be better than doing：～するよりましだ

　Why don't we ～？：（いっしょに）～しませんか？　～するのはどう？

　clear up：晴れる

（家にて）
A：今日もまた雨が降っているね。
B：ショッピングモールに行かない？
A：いや、よしておこう。きっとあまりに混雑すると思うよ。
B：それでも、家にいるよりましだと思うね。

① 家で DVD を観るのはどう？

② 明日は晴れそう？

③ 傘を借りてもいい？

④ ショッピングモールに行かない？

問 15：③

◆空所には疑問文が入りますから、空所の後の文つまり「はい、最前列にほんの
わずかですが」は空所に入る疑問文に対する答えです。したがって、正解は③
are there any seats for the next show?（次の時間の上映の席はありますか？）となり
ます。

◇be sold out：売り切れている

just a few：ほんのすこし

（映画館にて）

A：7:15 上映の「ゾンビの島」のチケットを 2 枚ください。

B：すみませんが、その時間の上映は売り切れです。

A：そうですか、次の時間の上映の席はありますか？

B：はい、最前列にほんのわずかですが。

① 館内でどこかに座ることはできますか？

②「ゾンビの島」は人気のある映画ですか？

③ 次の時間の上映の席はありますか？

④ あなたはその映画を観たことがありますか？

Lesson 3 大問3（整序英作文）

大問3は、3行程度の英語の文章が示され、その英文のうちのある一文について、与えられた語句を適切な語順に並べかえる問題です。解答の際には2番目と4番目に入る選択肢をその順番で答えなければならないことに注意してください。

🚩 Hop | 解答のコツ！

大問3の整序英作文問題は次のような形式で出題されます。

3 次の英文がまとまりのある文章になるように①〜⑤の語（句）を並べかえたとき、2番目と4番目に入るものを選びなさい。〈高認 H. 29-1〉

Todd doesn't usually care much about what he eats. He eats a lot of meat and very small amounts of vegetables. He also likes fast food, especially hamburgers and fried chicken. His mother always has to ___ ⬜ ___ ⬜ ___ food.

① eat　　② tell　　③ more healthy
④ to　　⑤ him

全訳と解答

トッドはふだん自分が食べるものをあまり気にしません。彼はお肉はたくさん食べますが、野菜はごくわずかしか食べません。彼はまたファストフード、とりわけハンバーガーとフライドチキンが好きです。トッドのお母さんはいつもトッドにもっと健康によい食べ物を食べるよう言わなければなりません。　　　　解答：⑤・①

💡 大問3（整序英作文問題）の解答のコツ！

解答のコツ①：空所の直前の語句からそれに続く語句を予測する。
解答のコツ②：動詞の使い方から並べかえられないか考える。
解答のコツ③：慣用表現や構文から並べかえられないか考える。

注 大問3は語句が与えられているとはいえ英作文ですので、難しいと感じる場合には後回しにして、また学習が進んだ段階で戻ってくることをおすすめします。

①空所の直前の語句からそれに続く語句を予測する

空所の直前の語句は語句を並べかえるヒントを与えてくれます。たとえば、空所の直前が be 動詞であれば進行形〈**be 動詞＋ (V)-ing**〉や受動態〈**be 動詞＋ (V)-ed**〉を構成する可能性がありますし、have / had であれば現在完了形〈**have ＋ (V)-ed**〉や過去完了形〈**had ＋ (V)-ed**〉を構成する可能性があります。あるいは助動詞があれば、これに動詞の原形が続き〈**助動詞＋動詞の原形**〉となる可能性があります。

例題では、直前に has to がありますので、これに動詞の原形が続くことが予測されます。この時点では tell と eat がともに動詞の原形ですので、どちらかが has to に続くと考えておくだけで構いません。なお、空所までの英文の文脈も把握しておくと、解答がしやすくなります。

②動詞の使い方から並べかえられないか考える

英語の文には必ず動詞がなければなりませんので、**動詞の用法から語順を考えていきましょう**。動詞の用法については一つひとつ覚えておく必要がありますが、たとえば、

〈**動詞＋人＋物**〉（〈人〉に〈物〉を〜する）
give（与える）/ **lend**（貸す）/ **send**（送る）/ **show**（見せる）/ **teach**（教える）
buy（買う）/ **cook**（料理する）/ **find**（見つける）/ **get**（入手する）/ **make**（作る）
〈**動詞 ＋ to do**〉　　　→ p. 69 参照　　　〈**動詞 ＋ doing**〉　　　→ p. 71 参照
〈**動詞 ＋ that ＋文**〉→ p. 120 参照　〈**動詞 ＋人＋ to do**〉→ pp. 140-141 参照

といった動詞の使い方をとくに覚えておくといいでしょう。

例題では、**tell** には〈**動詞＋人＋ to do**〉という用法がありますから、〈tell him to eat〉と並べかえられます。eat の後には food が続くと予測することができますが、これでは〈more healthy〉が残ってしまいます。これについては、healthy は形容詞で、名詞を修飾できるので food の前に置きます。したがって、完成文は His mother always has to tell him to eat more healthy food. となります。

③慣用表現や構文から並べかえられないか考える

動詞の使い方以外にも、**慣用表現や構文から語順を考えていく方法**もあります。たとえば、次のものをとくに覚えておくといいでしょう。

〈助動詞の書き換え表現〉　　→ p. 35 参照
〈比較構文〉　　　　　　　　→ pp. 125-133 参照
〈形式主語構文〉　　　　　　→ p. 140 参照
〈**too 〜 to … 構文・〜 enough to … 構文・so 〜 that … 構文**〉→ p. 142 参照

次の１から 10 の各英文がまとまりのある文章になるようにそれぞれ①〜⑤の語（句）を並べかえたとき、２番目と４番目に入るものを選びなさい。

1. The test will start in 10 minutes, so please clear away everything on your desk and leave only your pencils and erasers. The test ___ ⬜ ___ ⬜ ___ . During this time, you must remain in the classroom. 〈高認 H. 30-2〉

   ① for ② an ③ will
   ④ hour ⑤ last

   ◆仮に last の動詞の使い方を知らなくとも、〈助動詞＋動詞の原形〉と〈前置詞＋名詞〉という語順の知識があれば、正答を導くことができるはずです。確実にわかる小さなまとまりを形成していき、最後に組み合わせるようにすると、正答率が高まります。一度に全部を並べかえようとはしないことです。

2. Every time I visit my grandparents, I help them with their garden. They grow many different kinds of vegetables there. Last week ___ ⬜ ___ ⬜ ___ from the garden. They were so fresh and tasted very good. 〈高認 H. 30-2〉

   ① sent ② they ③ some
   ④ me ⑤ tomatoes

   ◆空所の直前には last week（先週）とありますから、この後には主語が続くと予測できます。動詞 send は give などと同様に〈動詞＋人＋物〉という語順でよく使われます。

3. You may think that reading English books is difficult. If so, I recommend that you ___ ⬜ ___ ⬜ ___ written in simple English. Because these stories are often easy to understand, you can enjoy reading them. If you read a lot of them, your English will improve. 〈高認 H. 30-2〉

   ① by ② short ③ reading
   ④ start ⑤ stories

   ◆空所の直前の you は主語ですから、この後には述語動詞が続くと予測できます。また、前置詞の後には名詞だけでなく動名詞が続くこともあります。つまり、〈前置詞＋名詞〉か〈前置詞＋動名詞〉のどちらかの語順になります。

4. My grandmother is 62 years old but she is very active. She always says to me, "You are never too old to start anything." She started to ___ ⬜ ___ ⬜ ___ was

60. She has been studying history for two years now, and she is really enjoying it.

〈高認 H. 30-1〉

① college   ② go   ③ she
④ to   ⑤ when

◆空所の直前には started to とあります。start には〈動詞＋ to do〉の用法（start to do：〜 しはじめる）がありますから、start to の後には動詞の原形が続くと予測できます。

5. Jackie Gleason was an American comedian and actor who was born and grew up in Brooklyn, New York. He was very popular in the 1950s and 1960s, and appeared in two very famous early American TV programs. At that time, most people watched the same programs, and so everyone ____ ☐ ____ ☐ ____ name. 〈高認 H. 30-1〉

① his   ② knew   ③ country
④ in   ⑤ the

◆空所の直後には名詞 name があります。選択肢の country も名詞です。his は所有格で、所有格は名詞の前に置く語形ですから、his は country か name の前に置かれるはずです。

6. Video rental shops have become harder and harder to find. There are several reasons for this, but the biggest reason is that more and more people ____ ☐ ____ ☐ ____ rather than renting them at shops. 〈高認 H. 29-1〉

① on   ② movies   ③ are
④ watching   ⑤ the Internet

◆空所の直前の more and more people は主語ですから、この後には述語動詞が続くと予測できます。また、選択肢に前置詞がありますから、〈前置詞＋名詞〉のまとまりができないかと考えてみましょう。

7. My wife and I got married 20 years ago. This summer, we are going to visit some places that are important to us, such as the ____ ☐ ____ ☐ ____ a beach we often visited together. 〈高認 H. 29-1〉

① and   ② town   ③ we
④ first met   ⑤ where

◆空所の直前は the つまり冠詞ですから、この後には名詞が続くと予測できます。選択肢の where は、この文では疑問詞として使われるのではありません。

8. Last summer, Keiko stayed with a family in Australia for a month. She thinks the experience changed her a lot. Before going to Australia, she ___ ⬚ ___ ⬚ ___ about herself, but afterwards, she had more confidence speaking about herself and giving her opinions. 〈高認 H. 29-2〉

① been　　　　　　　② shy　　　　　　　③ to talk

④ too　　　　　　　⑤ had

◆空所の直前の she は主語ですから、この後には述語動詞が続くと予測できます。選択肢のなかに too と to があることから、ある構文を思い出しましょう。

9. Bears are animals that hibernate in winter. Before winter comes, they begin to eat more and more to prepare for their long winter sleep. In late summer and early autumn, bears can be seen busily eating. They are ___ ⬚ ___ ⬚ ___ as they can. 〈高認 H. 28-2〉

① as　　　　　　　② eat　　　　　　　③ trying

④ much　　　　　　⑤ to

◆空所の直前は are つまり be 動詞ですから、この後には現在分詞か過去分詞が続く可能性があると予測できます。選択肢に as があることと空所の直後に as they can とあることから、比較の慣用表現を思い出しましょう。

10. The new baseball team has a lot of talented players, including the pitcher. Not only do they have good players, but they have also been training very hard since last year. I think that it ___ ⬚ ___ ⬚ ___ win the tournament next month.

〈高認 H. 28-1〉

① possible　　　　　② to　　　　　　　③ them

④ for　　　　　　　⑤ is

◆空所の直前の it は主語ですから、この後には述語動詞が続くと予測できます。空所の直前に it があることと選択肢に for と to があることから、ある構文を思い出しましょう。

解答・解説

問1：⑤・②

◆前置詞 for は〈前置詞＋名詞〉の語順になりますので〈for an hour〉というまとまりができます。また、助動詞 will は〈助動詞＋動詞の原形〉の語順になりますので〈will last〉というまとまりができます。仮に last という単語に動詞の使い方があると知らなくとも、先に〈for an hour〉というまとまりをつくることができれば、助動詞の後には動詞が続くことから will の後に last を置くほかなくなります。したがって、完成文は The test will last for an hour.（テストは1時間続きます）となります。

◇in ten minutes：（今から）10分後に、10分したら

文（and）so 文：～そういうわけで…、～なので…

clear A away [away A]：Aを片付ける

last：（ある期間）続く

テストが10分後にはじまりますので、机の上にあるものをすべて片付けて（机の上は）鉛筆と消しゴムだけにしてください。テストは1時間続きます。この時間の間は教室にいなければなりません。

問2：①・③

◆動詞 send には〈send ＋人＋物〉という用法がありますので、〈sent me tomatoes〉というまとまりができます。また、some（いくつかの、いくらかの）は数えられる名詞の複数形の前に置きますので、〈some tomatoes〉というまとまりができます。空所を含むこの一文には主語がありませんから、they は sent の前に置くことになります。したがって、完成文は Last week they sent me some tomatoes from the garden.（先週、彼らは庭からとれたトマトをいくつか私に送ってくれました）となります。

◇every time 文：～するたび、～するときはいつも

many different kinds of A：さまざまな種類のA

taste good：おいしい

私は祖父母のもとを訪ねるたびに彼らの庭の手入れを手伝っています。祖父母は庭でさまざまな種類の野菜を育てています。先週、彼らは庭からとれたトマトをいくつか私に送ってくれました。そのトマトはとても新鮮で非常においしかったです。

問3：①・②

◆reading は、動名詞であっても現在分詞であっても、その後にほかの語句を引き連れることができますから、〈reading short stories〉というまとまりができます。前置詞は〈前置詞＋動名詞〉の語順も可能であることから reading が動名詞だと考えると、〈by reading short stories〉というまとまりができます。空所の後の written in simple English は前の名詞を後ろから修飾する過去分詞の後置修飾の構造だと判断できれば、空所の最後の位置には名詞を置くことになります。したがって、完成文は If so, I recommend that you start <u>by reading</u> <u>short</u> stories written in simple English.（もしそうならば、易しい英語で書かれた短い物語を読むことからはじめることをすすめます）となります。

◇if so：もしそうならば

start by doing：〜することからはじめる

often：〜であることが多い、多くの場合

英語の本を読むことは難しいとあなたは考えているかもしれません。もしそうならば、易しい英語で書かれた短い物語を読むことからはじめることをすすめます。このような物語はたいてい理解しやすいものですので、楽しんで読むことができます。もしこういった物語をたくさん読めば、あなたの英語は上達するでしょう。

問4：④・⑤

◆空所の前の動詞 start には〈start to do〉という用法がありますので、〈start to go〉というまとまりができます。また、動詞 go の典型的な使い方として〈go to A〉という用法がありますので、〈go to college〉というまとまりができます。従位接続詞 when の後には文が続くことから、空所の後も含めると〈when she was 60〉というまとまりができます。したがって、完成文は She started to go <u>to</u> college <u>when</u> she was 60.（彼女は 60 歳のときに大学に行きはじめました）となります。

◇never too old to do：歳をとり過ぎているので〜できないということはない

cf. You are never too old to learn.：学ぶのに遅すぎるということはない

祖母は 62 歳ですが、とても活動的です。祖母はいつも私にこう言います、「何かをはじめるのに遅すぎるということはないのよ」と。彼女は 60 歳のときに大学に行きはじめました。今、祖母は歴史を研究し続けて 2 年間になりますが、歴史の研究を大変楽しんでいます。

問5：⑤・②

◆動詞 know と空所の後の name を合わせて考えると〈knew name〉というまとまりができ、さらに所有格 his は名詞の前に置きますので〈knew his name〉というまとまりができます。また、前置詞 in は〈前置詞＋名詞〉の語順になりますので〈in the country〉というまとまりができます。したがって、完成文は everyone in the country knew his name（アメリカのすべての人が彼の名前を知っていました）となります。

◇grow up in A：Aで育つ

in the 1950s：1950 年代に

appear in A：Aに出演する

> ジャッキー・グリーソンは、ニューヨークのブルックリンで生まれ育ったアメリカのコメディアン兼俳優でした。グリーソンは 1950 年代と 1960 年代にとても人気があり、2 つの非常に有名なアメリカの初期のテレビ番組に出演していました。当時、たいていの人がその同じ番組を観ていたので、アメリカのすべての人が彼の名前を知っていました。

問6：④・①

◆選択肢の are と watching から〈are watching〉というまとまりができ、さらに動詞 watch の後には名詞を置きますので〈are watching movies〉というまとまりができます。また、前置詞 on は〈前置詞＋名詞〉の語順になりますので〈on the Internet〉というまとまりができます。したがって、完成文は more and more people are watching movies on the Internet rather than renting them at shops（ますます多くの人々がお店で映画を借りるよりもインターネット上で映画を観ている）となります。

◇比較級 and 比較級：ますます〜

harder and harder：ますます難しい

more and more A：ますます多くのA

A rather than B：Bより（むしろ）A

> レンタルビデオ店はますます見つけにくくなってきています。これにはいくつかの理由がありますが、最大の理由はますます多くの人々がお店で映画を借りるよりもインターネット上で映画を観ていることにあります。

問7：⑤・④

◆空所の前の冠詞 the と名詞 town を合わせて考えると〈the town〉というまとまりができます。等位接続詞 and は前後の語句あるいは文を対等関係で結び付けますので、and は the town と a beach つまり名詞と名詞を結び付けることが推測されます。この名詞と名詞の対等関係を崩さないためには、where は関係副詞として用いることになります。where を関係副詞として使えば、〈the town where we first met〉という名詞のまとまりができるからです。したがって、完成文は such as the town <u>where</u> we <u>first</u> met and a beach we often visited together（たとえば初めて出会った町やいっしょによく行った砂浜）となります。

◇A such as B：Aたとえば B、Bのような A、Bといった A

> 妻と私は20年前に結婚しました。この夏、私たちは自分たちにとって大事ないくつかの場所、たとえば初めて出会った町やいっしょによく行った砂浜を訪れることにしています。

問8：①・②

◆選択肢の too と to talk から〈too X（for A）to do〉という構文を思い出すことができれば、〈too shy to talk〉というまとまりができます。また、選択肢の had と been から〈had been〉というまとまりができます。したがって、完成文は she had <u>been</u> too <u>shy</u> to talk about herself（ケイコはあまりに内気であったので自分自身のことについて話すことができませんでした）となります。

◇stay with A：Aの家に泊まる

　a lot：とても、大いに、ずいぶん

　have confidence（in）doing：～する自信がある

　give one's opinion：自分の意見を述べる

> 昨夏、ケイコは1ヶ月間オーストラリアのある家族の家に泊まりました。彼女はその経験が自分を大きく変えたのだと考えています。オーストラリアに行く前は、ケイコはあまりに内気であったので自分自身のことについて話すことができませんでしたが、その後は自分自身のことについて話したり自分の意見を述べたりする自信がついたのです。

問9：⑤・①

◆選択肢の as と空所の後の as they can から〈as X as 主語 can〉という比較の慣用表現を思い出すことができれば、〈as much as they can〉というまとまりができます。また、動詞 try には〈try to do〉という用法があるので、〈trying to eat〉というまとまりができます。したがって、完成文は They are trying <u>to</u> eat as much as they can.（クマはできるだけたくさんの物を食べようとしているのです）となります。

◇hibernate in winter：冬眠する

more and more：ますます多くの量　※ここでの more は much の比較級

prepare for A：Aに対して準備する、備える

> クマは冬眠する動物です。冬がやってくる前に、クマは長い冬眠に備えるためにますます多くの量を食べはじめます。夏の終わりと秋のはじめには、クマが盛んに物を食べている姿が見られます。クマはできるだけたくさんの物を食べようとしているのです。

問10：①・③

◆空所の前の it と選択肢の for と to から〈It is X（for A）to do〉という構文を思い出すことができれば、〈it is possible for them to win〉というまとまりができます。したがって、完成文は I think that it is <u>possible</u> for <u>them</u> to win the tournament next month.（彼らは来月のトーナメントで優勝することができると私は思っています）となります。

◇not only do they have good players ＝ they have not only good players

win a tournament：トーナメントで優勝する

> 新しい野球チームにはピッチャーも含めて才能のある選手がたくさんいます。良い選手がいるだけでなく、昨年からとても一生懸命に練習し続けています。彼らは来月のトーナメントで優勝することができると私は思っています。

Jump｜レベルアップ問題

次の 11 から 15 の各英文がまとまりのある文章になるようにそれぞれ①〜⑤の語（句）を並べかえたとき、2番目と4番目に入るものを選びなさい。

11. I wanted to join a dance group and dance at a local festival this summer, but I was not good at dancing. So I asked my friend Jeffrey, who is a good dancer, to help me get started. He was kind enough to ＿＿ ☐ ＿＿ ☐ ＿＿ . He also helped me join a dance group. 〈高認 H. 30-1〉

    ① me   ② how   ③ dance
    ④ to   ⑤ teach

12. Many years ago on hot summer days, the children of the village often went swimming in the river. Most children just played in the water, but some of the braver boys ＿＿ ☐ ＿＿ ☐ ＿＿ from the bridge, where the river was deep. 〈高認 H. 29-2〉

    ① liked to   ② into   ③ the
    ④ dive   ⑤ water

13. John loved to go to the beach every year. He hated the August crowds, so he usually went to the beach in early September. The weather in September was nicer. It ＿＿ ☐ ＿＿ ☐ ＿＿ July or August. 〈高認 H. 29-2〉

    ① not as   ② in   ③ hot
    ④ was   ⑤ as

14. Johannes Brahms is one of the greatest composers in the history of classical music. He began to work on his first symphony when he was 22 years old, and it was performed for the first time when he was 43 years old. That means it took ＿＿ ☐ ＿＿ ☐ ＿＿ the work. 〈高認 H. 28-1〉

    ① him   ② to   ③ years
    ④ 21   ⑤ finish

15. Yuri visited a high school in the US with her host sister. She was very impressed with the cafeteria. In the morning, breakfast was available. At lunchtime, she ___ ☐ ___ ☐ ___ pasta, which she couldn't eat at her school in Japan.

〈高認 H. 28-1〉

① and   ② such as   ③ enjoyed

④ pizza   ⑤ foods

191

🔑 解答・解説

問 11 ： ① ・ ④

◆選択肢の how と to から〈how to do〉という慣用表現を思い出すことができれば、文脈から〈how to teach〉ではなく〈how to dance〉というまとまりができます。また、空所の前に kind enough to とあることから〈X enough（for A）to do〉という構文を思い出すことができれば、〈kind enough to teach〉というまとまりができます。したがって、完成文は He was kind enough to teach <u>me</u> how <u>to</u> dance.（ジェフリーは親切にも私に踊り方を教えてくれました）となります。

◇help A（to）do：Aが〜するのを助ける、Aが〜する手助けをする

　get started（on A）：（Aを）はじめる

　be kind enough to do：親切にも〜する

> 私はダンスグループに加わってこの夏に地元のお祭りで踊りたかったのですが、ダンスは得意ではありませんでした。そのため、ダンスがうまい友達のジェフリーに私がダンスをはじめるのを助けてくれるよう頼みました。ジェフリーは親切にも私に踊り方を教えてくれました。また、彼は私がダンスグループに加わる手助けもしてくれました。

問 12 ： ④ ・ ③

◆選択肢の liked to と dive から〈liked to dive〉というまとまりができます。また、前置詞 into は〈前置詞＋名詞〉の語順になりますので〈into the water〉というまとまりができます。some of the braver boys は主語だと考えられますから、この後には動詞を含む〈liked to dive〉が続きます。したがって、完成文は some of the braver boys liked to <u>dive</u> into <u>the</u> water from the bridge（より勇敢な少年たちのうちの何人かは橋から水の中に飛び込むのが好きでした）となります。

◇many years ago：何年も前に

　go swimming：泳ぎに行く

　dive into A：Aのなかに飛び込む

　the water where the river was deep：川の深いところの水

> 何年も前の暑い夏の日には、村の子どもたちはよく川に泳ぎに行きました。たいていの子どもたちは水のなかで遊ぶだけでしたが、より勇敢な少年たちのうちの何人かは橋から川の深いところの水に飛び込むのが好きでした。

問 13 ： ① ・ ⑤

◆選択肢の not as と as から〈A not as X as B〉という比較の構文を思い出すことができれば、〈It was not as hot as〉というまとまりができます。また、前置詞

in は〈前置詞＋名詞〉の語順になりますので〈in July〉というまとまりができます。したがって、完成文は It was <u>not as</u> hot <u>as</u> in July or August.（9月の天候は7月または8月ほど暑くはありませんでした）となります。

◇love to do：〜するのが大好きだ　　go to the beach：海に行く

> ジョンは毎年海に行くのが大好きでした。彼は8月の人混みをひどく嫌っていたので、たいてい9月のはじめに海に行っていました。9月の天候は（ほかの時期と比べて）お天気がよく、7月または8月ほど暑くはありませんでした。

問 14：④・②

◆動詞 take には〈it takes（A）B to do〉（[A〈人〉が] 〜するのに B〈時間〉がかかる）という用法がありますので、〈it took him 21 years to finish〉というまとまりができます。したがって、完成文は That means it took him <u>21</u> years <u>to</u> finish the work.（ブラームスがその作品を完成させるのに21年かかったということになります）となります。

◇one of A：A のうちのひとつ　　work on A：A に取り組む

it takes（A）B to do：（A が）〜するのに B がかかる　※ it は to do を指す形式主語

That means 文：それは〜ということを意味する、（それは）〜ということになる

> ヨハネス・ブラームスはクラシック音楽の歴史のなかで最も偉大な作曲家の一人です。ブラームスは22歳のときに最初の交響曲（交響曲第1番）に取り組みはじめ、彼が43歳のときにはじめてその交響曲が演奏されました。ブラームスがその作品を完成させるのに21年かかったということになります。

問 15：⑤・④

◆such as は〈A such as B〉は「A たとえば B、B のような A、B といった A」という意味を表します。A が抽象的な表現で、B が A の具体例ですから、〈foods such as pizza〉というまとまりができます。また、pizza と pasta のその意味あるいはその料理のジャンルから、この2つの名詞は等位接続詞 and によって結ばれることがわかりますので、〈foods such as pizza and pasta〉というまとまりができます。したがって、完成文は she enjoyed <u>foods</u> such as <u>pizza</u> and pasta, which she couldn't eat at her school in Japan（ユリは日本にある自分の学校では食べることができないピザやパスタといった食べ物を楽しみました）となります。

◇be impressed with A：A に感動する、感銘を受ける

> ユリはホストシスターといっしょにアメリカの高校を訪ねました。ユリはカフェテリアにとても感動しました。午前中には朝食の利用が可能でした。お昼時には、ユリは日本にある自分の学校では食べることができないピザやパスタといった食べ物を楽しみました。

Lesson 4 大問4（意図把握）

大問4は、4行程度の英語の文章が示され、その英文のメッセージを通じて送り手が何をしようと考えているのかを問う問題です。選択肢については日本語で与えられます。日本語の選択肢は解答の際のヒントになりますので、大いに活用しましょう。

Hop | 解答のコツ！

大問4の意図把握問題は次のような形式で出題されます。

4 次のメッセージの送り手が意図したものとして最も適当なものを、①～④のうちから一つ選びなさい。〈高認 H. 30-2〉

I stayed at this hotel last weekend. It is located in the center of the city. It took me just a few minutes to get there from the nearest station. The staff were friendly, and the room was big and quite comfortable, especially for one person. I would be happy to stay here again the next time I visit.

① ホテルの感想を述べる。　　② ホテルの開業を宣伝する。

③ ホテルの部屋を予約する。　　④ ホテルの建設を計画する。

全訳と解答

先週末このホテルに泊まりました。ホテルは市の中心地に位置していて、最寄り駅からホテルに到着するまでほんの数分しかかかりませんでした。スタッフたちは親切でしたし、部屋はとくに一人で泊まるには大きく、とても快適でした。ふたたび訪れた際にも、またこのホテルに喜んで泊まりたいと思います。

解答：①

💡 大問4（意図把握問題）の解答のコツ！

解答のコツ①：選択肢に共通するトピックを確認する。

解答のコツ②：何を伝えようとしているのかを考えながら本文を読む。

解答のコツ③：確実に誤答だと考えられる選択肢を消去していく。

①選択肢に共通するトピックを確認する

　基本的に複数の選択肢に**共通する**トピック（話題）がありますので、本文を読む前に必ず確認しましょう。

　例題の選択肢に共通するトピックは「ホテル」です。このように、トピックだけでも先に確認しておくと、「おそらく、この英文はホテルに関するメッセージなのだな」と本文を読む前の心構えができます。

②何を伝えようとしているのかを考えながら本文を読む

　メッセージを通じて**読み手あるいは聞き手に対していったい何を伝えようとしているのか**を考えながら本文を読みましょう。メッセージには送り手の何らかの意図が込められています。当たり前のことに思えるかもしれませんが、これを本文から読み取ろうとすることが最大のポイントです。

③確実に誤答だと考えられる選択肢を消去していく

　本文を一通り読み終わってからでもよいのですが、できるだけ一文を読み終わるたびに**選択肢の検討をする**ようにしましょう。わからない単語などがあって選択肢をひとつに絞り込めなくても、**確実に誤答だと思われる選択肢を候補から外すことができれば、最終的に勘に頼ることになっても正答率が高くなる**からです。

　ひとつの例に過ぎませんが、例題では次のように選択肢の検討を行います。

- I stayed at this hotel **last weekend.**
  → 泊まったということだから、②「開業」や④「建設」は関係ないかもしれない。
- It is located in **the center of the city. It took me** just a few minutes to get there from the nearest station.
  → しかし、２文とも立地について述べているから、②や④の可能性も完全には否定できない。
- The staff were friendly, and the room was big and quite comfortable, **especially for one person.**
  → スタッフや部屋について過去形で述べているから、②や④はやはり誤答と考えてよさそうだ。
- I would be happy to stay here again **the next time I visit.**
  → 次の機会にも喜んで泊りたいとあるが、「予約」しているわけではない。③も誤答だろう。残った選択肢は①だ。全体の内容から考えてみても、「感想」を伝えているというのが適切だ。

Step｜基礎問題

次の1から10の各メッセージの送り手が意図したものとして最も適当なものを、それぞれ①〜④のうちから一つずつ選びなさい。

1. GKK Fitness Center is looking for students over 18 years old to work part-time during the summer break. No special skills are required. Duties will include organizing the member cards and files, and cleaning. If you are interested in working with us, please visit the reception desk. 〈高認 H. 30-2〉

① 会員を**募集**する。 　② 従業員を**募集**する。
③ **サービス**の変更を伝える。 　④ **サービス**の終了を伝える。

> ◆選択肢に共通するトピックは「募集」と「サービス」ですから、募集かサービスについてのメッセージだという心構えで本文を読んでいくことになります。第1文で全体のトピックを示し、それに続く文でトピックについて詳しく述べていくというのが英語の基本的な文章構成です。

2. Here is a five-day supply of your medicine. Please take two tablets four times a day, after each meal and at bedtime. This medicine may upset your stomach, so make sure to take it with plenty of water. You should be feeling better in a couple of days.

〈高認 H. 29-1〉

① **薬**の種類を確認する。 　② **薬**の服用方法を説明する。
③ **病気**の症状を報告する。 　④ **病気**の原因を調べる。

> ◆選択肢に共通するトピックは「薬」と「病気」です。このように共通するトピックが2つ見つかる場合は、本文のトピックさえわかってしまえば、あとは実質的に二択問題となります。

3. If you forget your password and cannot access your university email account, please contact the system administrator's office at services@cop-u.edu for help. Resetting a password usually takes only a few minutes. You will need to create a new password which contains both letters and numbers. 〈高認 H. 30-1〉

① **コンピューター**の故障を報告する。 　② **講座**への登録を促す。
③ 大学の**講義**内容を説明する。 　④ **パスワード**の変更方法を知らせる。

> ◆それぞれの選択肢に使われていることばは異なりますが、大きく分けて「授業関連」と「コンピューター関連」というように共通するトピックをまとめることができます。

4. I've just heard that you fell and broke your leg yesterday and are in hospital now. I'm really worried about you. I'll come and see you tomorrow. Let me know if you need anything. I hope you're not in too much pain. 〈高認 H. 29-2〉

① 事故の様子を伝える。　② 病気の原因を調べる。
③ 災害の状況を報告する。　④ 怪我の見舞いを述べる。

◆選択肢に共通するトピックは「事故・災害」と「病気・怪我」です。ことばがそれぞれ異なる場合でも、同じような意味合いのことばはまとめることができます。

5. Fill a large pot with plenty of water and bring it to a boil. Add a spoonful of salt before placing the pasta into the boiling water. Boil for 7-10 minutes, depending on the type of pasta and directions on the package. Make sure that it is well-cooked before removing the pot from the heat. 〈高認 H. 30-1〉

① 店の紹介をする。　② 食器の種類を紹介する。
③ 調理法を説明する。　④ 夕食の献立を説明する。

◆選択肢に共通するトピックは「料理関連」です。一文読み終わるごとに選択肢の検討をしましょう。その過程で確実に誤りだと考えられる選択肢は消去していきます。

6. The next train from Platform 4 is a limited express heading to South Coast Station via White Fox Station. Passengers need to have a reserved seat ticket on this limited express. There are no non-reserved seats on this train. Please watch your step when boarding the train. Thank you. 〈高認 H. 29-2〉

① 電車の到着時刻を案内する。　② 次に発車する電車を案内する。
③ 新しい電車の性能を説明する。　④ 電車での旅行を勧める。

◆選択肢に共通するトピックは「電車」です。トピックが４つの選択肢に共通している場合、ときには選択肢を慎重に検討しなければならないこともあります。

7. Thank you for coming to our theater today. Please do not smoke, eat, or drink inside the hall. Recording of any kind is not permitted. Please turn off your mobile devices and keep them off during the performance. Thank you for your cooperation. The performance will begin in just a few minutes. 〈高認 H. 28-1〉

① 今後の**公演**予定を説明する。　　② **劇**のあらすじを紹介する。

③ **劇場**への行き方を案内する。　　④ **劇場**での注意事項を伝える。

◆選択肢に共通するトピックは「演劇関連」です。トピックは選択肢からある程度わかりますが、この英文も第1文でトピックを示し、それに続く文で詳細を述べていくという英語の基本的な文章構成になっています。

8. If you want to buy new or used furniture, then come to Home Brown! We have plenty of furniture for every purpose or taste. This weekend is Home Brown's annual summer sale. Children can get free hot dogs and balloons. Come and enjoy a day of shopping with your family at Home Brown! 〈高認 H.30-1〉

① 家具の注文を確認する。　　② 店のセールを宣伝する。

③ ピクニックの案内をする。　　④ 商品の修理を依頼する。

◆選択肢に共通するトピックがない場合は、とくに慎重な姿勢が求められます。たとえば、furniture（家具）という単語を見つけたからといって、すぐに①が正解だとは考えないようにしてください。

9. Hello. This is Benjamin Nuttall from Mulberry Bookstore. We got the *Cooking Magazine* back issue you ordered last week, so you can come and get it anytime between 9 a.m. and 7 p.m. Thank you for your order. We look forward to seeing you soon. 〈高認 H. 29-1〉

① 料理教室の時間を案内する。　　② 新しい店の開店を伝える。

③ 待ち合わせの時間を変更する。　　④ 商品の入荷を連絡する。

◆大問4の本文に使われる thank you ということばは、ほとんどの場合、お店や施設の人間から利用客に向けてのことばだと考えて差し支えありません。

10. A little girl wearing a blue sweater has just been found in the food court. She has a white bag. If you are looking for this child, please come to the lost child counter on the second floor of this building, next to the elevators. Thank you. 〈高認 H. 28-2〉

① 食事する場所を紹介する。　　② 子供服売り場の案内をする。
③ 自分の家族を紹介する。　　④ 迷子の案内をする。

◆大問4は、繰り返しになりますが、メッセージを通じて何を伝えようとしているのかと考え、そこに込められた意図を読み取ろうとすることが最大のポイントになります。

解答・解説

問1：②

◆1文目に「GKKフィットネスセンターでは夏休みの間にパートタイムで働く19歳以上の学生を募集しています」というアルバイトの募集を伝える文があります。これを受けて、2文目以降にはその詳細が述べられています。したがって、正解は②「従業員を募集する」となります。

◇over 18 years old：19歳以上

※18歳を含む場合は18 (years old) and over あるいは18 (years old) or over とする

work part-time：パート（タイム）で働く　　organize A：Aを整理する

duty：（通例複数形で）仕事、職務

> GKKフィットネスセンターでは夏休みの間にパートタイムで働く19歳以上の学生を募集しています。特別な技能は必要ありません。仕事には会員カードや書類を整理することと掃除が含まれます。私たちといっしょに働くことにご興味がありましたら、受付にお越しください。

問2：②

◆1文目は「ここに5日分の薬があります」とあり、まず薬についての話題が導入されています。これを受けて、2文目では「1日につき4回、毎食後と就寝前に2錠飲んでください」という薬の服用についての具体的な指示が与えられています。したがって、正解は②「薬の服用方法を説明する」となります。

◇here is [are] A：これ［こちら］がAだ、ここにAがある

four times a day：1日に4回　　at bedtime：就寝前に

make sure to do：確実に［必ず］〜するようにする

in a couple of days：2、3日で

> ここに5日分の薬があります。1日につき4回、毎食後と就寝前に2錠飲んでください。この薬によって胃の調子が悪くなることがありますので、必ず十分な量の水とともに服用してください。2、3日でよくなるでしょう。

問3：④

◆1文目に「もしパスワードを忘れてしまって、大学のメールアカウントにアクセスできなくなりましたら、services@cop-u.edu あてにシステムアドミニストレータオフィスまでお問い合わせください」というパスワードを忘れた場合の対処方法を伝える文があります。これを受けて、2文目以降にはパスワード変更の際の詳細が述べられています。したがって、正解は④「パスワードの変更方法を伝える」となります。

◇contact A at B：BでAに連絡する

> もしパスワードを忘れてしまって、大学のメールアカウントにアクセスできなくなりましたら、services@cop-u.edu あてにシステムアドミニストレータオフィスまでお問い合わせください。通例、パスワードのリセットにかかるのはほんの数分です。文字と数字の両方を含む新しいパスワードをつくらなければなりません。

問４：④

◆１文目は「あなたが昨日転んで足の骨を折ってしまって今は入院していることをたった今聞きました」とあり、まず怪我の話題が導入されています。これを受けて、２文目と４文目では「あなたのことを大変心配しています」「何か必要なものがあれば知らせてください」という相手を気遣うお見舞いのことばを述べています。したがって、正解は④「怪我の見舞いを述べる」となります。

◇be in hospital：入院している　　be worried about A：Aのことを心配している

come and see you：あなたに会いに行く　　let me know：私に知らせる

I hope you are not in too much pain.：痛みがさほどないことを願う

> あなたが昨日転んで足の骨を折ってしまって今は入院していることをたった今聞きました。あなたのことを大変心配しています。明日お見舞いに行きます。何か必要なものがあれば知らせてください。痛みがさほどないことを願っています。

問５：③

◆１文目は「大きな鍋を十分な量の水で満たして沸騰させます」とあり、まず調理についての話題が導入されています。２文目と３文目には「塩１さじを加えて沸騰したお湯のなかにパスタを入れます。パスタの種類やパッケージにある指示によって、７分間から10分間茹でます」とあり、パスタの茹で方が述べられています。したがって、正解は③「調理法を説明する」となります。なお、レシピ（調理法）の類は、英語ではこのように命令形で記述されます。

◇fill A with B：BでAを満たす、いっぱいにする　　bring A to a boil：Aを沸騰させる

文 before 文：〜して…　　depending on A：Aによって、Aに応じて

make sure that 文：〜ということを確かめる

be well-cooked：十分に火がとおっている

remove A from B：BからAを取り去る、移動させる

> 大きな鍋を十分な量の水で満たして沸騰させます。塩１さじを加えて沸騰したお湯のなかにパスタを入れます。パスタの種類やパッケージにある指示によって、７分間から10分間茹でます。パスタが十分煮えていることを確かめて鍋を火からおろします。

問6：②

◆1文目に「4番ホームからの次の電車はホワイトフォックス駅経由サウスコースト駅行きの特急列車です」という次の電車についてのアナウンスがあります。これを受けて、2文目と3文目には座席についての詳細が述べられています。したがって、正解は②「次に発車する電車を案内する」となります。

◇limited express：特急列車　　via A：A経由で

　reserved seat ticket：指定席券　　non-reserved seat：自由席

> 4番ホームからの次の電車はホワイトフォックス駅経由サウスコースト駅行きの特急列車です。ご乗車のお客様はこの特急列車の指定席券をお持ちになる必要がございます。当列車には自由席はございません。ご乗車の際はお足元にお気を付けください。（お聞きいただき）ありがとうございました。

問7：④

◆1文目は「本日は当劇場にお越しいただき、ありがとうございます」とあり、劇場の話題が導入されています。これに続く2文目と3文目では「ホール内でのご飲食あるいはご喫煙はおやめください。いかなるかたちでも録音は禁じられています」とあることから施設内での諸注意がアナウンスされていることがわかります。したがって、正解は④「劇場での注意事項を伝える」となります。

◇of any kind：どんな（種類の）、いかなる（種類の）

　turn A off [off A]：Aを消す、Aの電源を切る

　keep A off：Aを（電源が）オフのままにしておく

> 本日は当劇場にお越しいただき、ありがとうございます。ホール内でのご飲食あるいはご喫煙はおやめください。いかなるかたちでも録音は禁じられています。お持ちの携帯端末は電源をお切りいただき、上演中は電源を切ったままにしておくようお願い申し上げます。ご協力ありがとうございます。まもなく上演がはじまります。

問8：②

◆1文目と2文目から「ホームブラウン」というお店が家具屋であることがわかります。これに続く3文目には「今週末には、ホームブラウンの年に一度のサマーセールが行われます」とあり、夏のセールが開催されることが伝えられています。したがって、正解は②「店のセールを宣伝する」となります。

◇be：（〜が）行われる

> 新品または中古品の家具をお買い求めになりたいのであれば、ホームブラウンにいらしてください！　あらゆる用途や好みに応じた家具が豊富にございます。今週末には、ホームブラウンの年に一度のサマーセールが行われます。お子様には無料のホットドッグや風船を差し上げます。ぜひいらしてホームブラウンでご家族とのお買い物の一日をお楽しみください！

問9：④

◆１文目と２文目から、これが書店からかかってきた留守番電話の録音メッセージであることがわかります。これに続く３文目には「先週ご注文いただいた『クッキング・マガジン』の既刊号を入荷いたしましたので、午前９時から午後７時の間であればいつでもお受け取りいただけます」とあり、注文を受けた雑誌を入荷したことが伝えられています。したがって、正解は④「商品の入荷を連絡する」となります。

◇Hello. This is A from B.：もしもし、ＢのＡと申します

back issue：既刊号、バックナンバー

> もしもし、マルベリー書店のベンジャミン・ナトールと申します。先週ご注文いただいた『クッキング・マガジン』の既刊号を入荷いたしましたので、午前９時から午後７時の間であればいつでもお受け取りいただけます。ご注文ありがとうございました。近いうちにご来店いただけることをお待ち申し上げております。

問10：④

◆１文目と２文目では、幼い女の子がフードコートにいたこととこの子が青色のセーターを着ていて白色の鞄を持っていることが伝えられます。これに続く３文目には「このお子様をお探しでしたら、当館２階のエレベーター横にあります迷子カウンターまでお越しください」とあることから、この子が迷子であることがわかります。したがって、正解は④「迷子の案内をする」となります。

◇lost child：迷子

> 青色のセーターを着ている小さな女の子がただいまフードコートで見つかりました。この女の子は白いバッグを持っています。このお子様をお探しでしたら、当館２階のエレベーター横にあります迷子カウンターまでお越しください。（お聞きいただき）ありがとうございます。

Jump｜レベルアップ問題

次の 11 から 15 の各メッセージの送り手が意図したものとして最も適当なものを、それぞれ①～④のうちから一つずつ選びなさい。

11. This is the computer room. You can enjoy free access to the Internet during lunchtime and after school. If you want to use the computer room at other times, you must have permission from your teacher in advance. Eating and drinking is not allowed inside. 〈高認 H. 30-2〉

① コンピューターの性能を紹介する。　　② 授業の予定を伝える。
③ 校内の食事場所を案内する。　　　　　④ 施設の利用方法を説明する。

12. Does your work make you tired? However good you are at your job, you sometimes need a rest. How about visiting a Caribbean island, where all you can see around you are the blue ocean and palm trees? For more information, please visit our website. You are just a couple of clicks away from a relaxing Caribbean vacation!

〈高認 H. 29-2〉

① 友人の健康を気遣う。　　　　　　　　② 転職について助言する。
③ 島の自然環境を説明する。　　　　　　④ 旅行の宣伝をする。

13. Pollution is a big problem. There are many kinds of pollution, including water, air, land, and noise pollution. Before discussing this problem together, it is very important for us to learn more about each kind of pollution. Please pick one and write a report on it. Hand it in at the beginning of class on Tuesday. 〈高認 H. 28-2〉

① 問題の原因を説明する。　　　　　　　② 宿題の内容を指示する。
③ 問題の解決策を述べる。　　　　　　　④ 宿題の期限を変更する。

14. If you believe that money can buy happiness, think travel! Camel Travel is a full-service travel agency with over 30 years of experience helping customers find happiness through holiday trips. Contact us for a weekend getaway or the holiday of a lifetime. 〈高認 H. 28-1〉

① 貯蓄の方法を提案する。　　　　　　　② 旅行の行程を説明する。
③ 休日の行事を紹介する。　　　　　　　④ 会社の宣伝をする。

15. This letter is to confirm that Brightlights Language School has accepted Tanaka Yoshiko as a student from July 3 to August 25, 2017. Fees for the summer language program, homestay, medical insurance, and airport pick-up service have been paid in full. 〈高認 H. 29-1〉

① 生徒の受入れを通知する。　　② 語学学校の宣伝をする。
③ 希望する留学期間を伝える。　④ ホームステイ先を紹介する。

🔐 解答・解説

問11：④

◆1文目は「こちらはコンピュータールームです」とあり、まずコンピューター
ルームの話題が導入されています。これを受けて、2文目と3文目では「昼休
みの間と放課後にインターネットを自由に利用することができます。ほかの時
間にコンピュータールームを使いたい場合には、事前に先生から許可を得なけ
ればなりません」とコンピュータールームを利用する際の詳細が伝えられてい
ます。したがって、正解は④「施設の利用方法を説明する」となります。

◇can enjoy free access to A：Aを自由に［無料で］利用することができる
have permission from A：Aから許可を得る　　in advance：事前に、前もって
be not allowed：ゆるされていない、禁じられている

> こちらはコンピュータールームです。昼休みの間と放課後にインターネットを自由に利用
> することができます。ほかの時間にコンピュータールームを使いたい場合には、事前に先
> 生から許可を得なければなりません。室内での飲食は禁じられています。

問12：④

◆1文目と2文目だけを見ると、友人を気遣う内容のようにも思えますが、3文
目には「カリブ海の島を訪れてみてはいかがでしょうか？」とあり、話の方向
性が変わってきます。これに続く4文目には「詳細はウェブサイトをご覧くだ
さい」とあることから、このメッセージが宣伝であることがわかります。した
がって、正解は④「旅行の宣伝する」となります。

◇however good you are at your job：あなたがどんなに仕事がよくできても
all you can see around you：あなたの周りに見えるすべて（周りに見えるのは〜だけ）
be A away from B：BまであとAある

> お仕事で疲れてはいませんか？　どんなに仕事がよくできても、たまには休息が必要です。
> 周りに見えるのは青い海とヤシの木だけというカリブ海の島を訪れてみてはいかがでしょ
> うか？　詳細はウェブサイトをご覧ください。カリブ海でのくつろぎの休暇まで、ほんの
> 数回クリックするだけです！

問13：②

◆1文目と2文目では公害の話題が導入されています。しかし、これに続く3文
目の冒頭には「この問題についていっしょに話し合う前に」とあります。さら
に、4文目と5文目では「どれかひとつ選んで、このことに関してレポートを
書いて、火曜日の授業のはじめに提出してください」とあることから、宿題の
指示をしていることがわかります。したがって、正解は②「宿題の内容を指示

する」となります。

◇each kind of A：それぞれの種類のA　　　at the beginning of A：Aのはじめに

> 公害は大きな問題です。水質汚染や空気汚染、土壌汚染、騒音を含めて、たくさんの種類
> の公害があります。この問題についていっしょに話し合う前に、それぞれの種類の公害に
> ついてもっと学んでおくことがとても重要です。どれかひとつ選んで、このことに関して
> レポートを書いて、火曜日の授業のはじめに提出してください。

問14：④

◆1文目は「お金で幸せを買うことができると信じているならば、旅行を考えて
みてください！」とあり、旅行の話題が導入されています。これに続く2文目
では「キャメル・トラベルは、休暇のご旅行を通じてお客様が幸せを見つける
お手伝いをして30年以上の経験をもつ総合旅行代理店です」とあることから、
キャメル・トラベルという旅行会社の宣伝であることがわかります。したがっ
て、正解は④「会社の宣伝をする」となります。

◇full-service travel agency：総合旅行代理店　　getaway：（短期の）休暇（旅行）

holiday：休暇、休暇旅行　　of a lifetime：（生涯で）最高の、またとない

> お金で幸せを買うことができると信じているならば、旅行を考えてみてください！　キャ
> メル・トラベルは、休暇のご旅行を通じてお客様が幸せを見つけるお手伝いをして30年
> 以上の経験をもつ総合旅行代理店です。週末のちょっとしたお出掛けあるいは一生にまた
> とない休暇のご旅行については当社にお問い合わせください。

問15：①

◆1文目に「この手紙はブライトライツ語学学校が2017年7月3日から8月
25日までタナカヨシコを生徒として受け入れることを確認するものです」と
いう生徒の受け入れを伝える文があります。2文目では諸費用の支払いがすべ
て完了していることが述べられています。したがって、正解は①「生徒の受入
れを通知する」となります。

◇accept A as B：AをBとして受け入れる　　pay in full：全額支払う

> この手紙はブライトライツ語学学校が2017年7月3日から8月25日までタナカヨシコを
> 生徒として受け入れることを確認するものです。夏期言語プログラムとホームステイ、医
> 療保険、空港送迎サービスの費用は全額支払われています。

Lesson 5　大問5（空所補充）

大問5は、4行程度の英語の文章が示され、その英文のある部分が空所となっており、その空所に当てはまる適切な語句を選ぶ問題です。選択肢の語句の意味がわかるか否かで正答率が大きく変わりますので、語彙力が求められる問題といえます。

🚩 Hop｜解答のコツ！

大問5の空所補充問題は次のような形式で出題されます。

5　次の英文の ☐☐☐☐☐ 内に入れるのに最も適当なものを、①～④のうちから一つ選びなさい。〈高認 H. 30-2〉

Anne and Kelly are twins. They have very different personalities, though they look very much alike. Anne always likes to try new things, especially new foods, but Kelly usually doesn't. ☐☐☐☐☐, Anne is quite talkative while Kelly is quiet and shy.

① For example　　② Instead　　③ In addition　　④ However

全訳と解答

アンとケリーは双子です。彼女らは実によく似ているけれども、大変異なる性格をもっています。アンは常に新しいこと、とりわけ新しい食べ物を試してみることが好きです。しかし、ケリーはたいてい新しいことを試してみることは好きではありません。それに加えて、アンは実におしゃべりであるのに対して、ケリーはおとなしく恥ずかしがりやです。

① たとえば　　② その代わりに　　③ それに加えて　　④ しかしながら

解答：③

💡 大問5（空所補充問題）の解答のコツ！

解答のコツ①：選択肢から問題のパターンを判断する。

解答のコツ②－A：空所を含む一文の意味と選択肢の語句の意味をよく照合する。

解答のコツ②－B：文章の展開をとらえながら本文を読む。

🔍 ①選択肢から問題のパターンを判断する

判断のしかたは簡単です。**however, for example, as a result, in addition** など（そのほか、下記の語句も含む）の語句がひとつでも選択肢に含まれていれば**Bパターン**（②－B）で、含まれていなければ**Aパターン**（②－A）と判断してください。

例題は、選択肢に for example などが含まれていますのでBパターンです。

🔍 ②－A　空所を含む一文の意味と選択肢の語句の意味をよく照合する

本文の話題とそれに関連するキーワードをとらえながら、**全体の要旨をつかみます**。そのうえで、**空所を含む一文を丁寧に読み、その一文の意味と選択肢の単語の意味をよく照らし合わせて選択肢を選びます**。

🔍 ②－B　文章の展開をとらえながら本文を読む

とくに**空所の前後の文の展開をとらえる**ことがポイントです。具体的には、空所の前の文と後の文が**逆説・対照の関係**になる、**イコールの関係**になる、**原因・結果の関係**になる、**追加の関係**になるといったように、大きく4つの展開パターンに分けられます（p. 223 の「ディスコースマーカー（談話標識）」も参照）。この展開パターンに応じて、空所には以下のような語句が入ります。

【逆説・対照の関係】
however（しかしながら）/**by [in] contrast**（対照的に）/**but**（しかし）
【イコールの関係】（具体例による説明・言い換え・要約）
for example（たとえば）/**in other words**（言い換えると）/**in short**（要するに）
【原因・結果の関係】
as a result（その結果）/**so**（だから）/**therefore**（したがって）
【追加の関係】
in addition（それに加えて）/**moreover**（そのうえ）/**also**（また）

例題を見てみると、3文目と4文目は、2文目のアンとケリーの「大変異なる性格」について具体的に説明しています。3文目（Anne always likes to try new things, especially new foods, but Kelly usually doesn't.）には、アンは新しいことを試したがるが、ケリーはそうではないとあります。また、4文目（Anne is quite talkative while Kelly is quiet and shy.）には、アンはおしゃべりな一方で、ケリーは物静かでシャイだとあります。

3文目と4文目の関係性を考えてみると、性格という点では共通していますが、別のことを述べています。つまり、「性格その1」と「性格その2」という展開になっていますから、これは追加の関係です。したがって、正解は③ In addition となります。

Step｜基礎問題

次の1から10の各英文の□□□□内に入れるのに最も適当なものを、それぞれ ①〜④のうちから一つずつ選びなさい。

1. Apples are a common fruit, so there are many expressions that mention them. □□□□, "the apple of your eye" refers to the person you love the most. There is also a saying, "An apple a day keeps the doctor away," which suggests that eating an apple each day is good for your health.〈高認 H. 29-1〉

   ① Moreover ② Instead ③ For example ④ In short

   ◆選択肢に moreover などがあるのでBパターンです。空所の前の文と後の文の関係性に着目して選択肢を選びましょう。instead：その代わりに

2. Collecting things is a popular hobby. Many people save coins, stamps, or character goods, but I like collecting coffee mugs. This is interesting because there are so many different sizes, colors, shapes, and designs. □□□□ I have already collected more than 50 mugs, I want even more.〈高認 H. 29-1〉

   ① Although ② Wherever ③ Before ④ Whether

   ◆選択肢に although や before がありますので、従位接続詞の使い方を問うパターンです。とくに空所が含まれる文の構造と意味をとらえて選択肢を選びましょう。
   wherever 文：〜するどこへ［に］でも、どこへ［で］〜しようとも
   whether 文 or not：〜であろうとなかろうと

3. The Glastonbury Festival is one of the most famous open-air music events in the world. The festival is held in England almost every summer, and people enjoy various kinds of music and other performances there. It started in 1970 with only 1,500 people. □□□□, it grew and grew and now attracts more than 175,000 people.〈高認 H. 28-1〉

   ① However ② Otherwise ③ Furthermore ④ Instead

   ◆選択肢に however などがあるのでBパターンです。空所の前後の文の展開に着目して選択肢を選びましょう。otherwise：さもなければ　　furthermore：そのうえ

4. I sit next to Ms. Ford in the office. She is a very organized person and likes everything to be in order. For example, she always puts her files in alphabetical order and keeps her desk clean. [_____], I'm not a tidy person. It takes me time to find documents in the piles of papers on my desk. 〈高認 H. 27-1〉

① In short　　② In addition　　③ In other words　　④ In contrast

◆選択肢に in short などがあるのでＢパターンです。空所の前の文と後の文の関係性に着目することは大事ですが、本文全体に視野を広げると、前後の文の関係性がより明確に見えてくることがあります。

5. Fog can cause problems for drivers. It limits the ability of drivers to see things in the distance. While driving in fog, it is often difficult for drivers to see people and other cars on the road ahead. They have to slow down to [_____] accidents. 〈高認 H. 30-2〉

① cause　　② report　　③ experience　　④ avoid

◆選択肢がすべて動詞のＡパターンです。空所を含む一文の意味が正確にわかる場合、選択肢の単語の意味さえわかっていれば正答の選択肢を選べますが、そうでない場合は本文全体を読みましょう。

6. The new president of the student council gave a long speech to all students at the assembly. As a [_____], she looked to the future and spoke about the need for change. She also explained her plan to make life at school more positive and pleasant for everyone. 〈高認 H. 29-2〉

① leader　　② worker　　③ listener　　④ maker

◆選択肢がすべて名詞のＡパターンです。選択肢の単語と同じような意味をもつ本文中の単語はキーワードとなる可能性が高いです。

7. When you give a speech, you need to try to relax. On the stage, look at the listeners in a friendly way. You are not just speaking into a microphone but to the [_____]. You should use easy words and expressions, so that everyone can understand you.

〈高認 H. 28-2〉

① owners　　② volunteers　　③ audience　　④ nature

◆選択肢がすべて名詞のＡパターンです。本文の話題は基本的に第１文に示されます。話題がわかれば、キーワードを見つけやすくなり、またそれによって正しい選択肢を選びやすくなります。

8. The Internet is a convenient tool for ⬚. For example, businesses use email to stay in contact, and some even have meetings online. People use the Internet to talk regularly with family and friends, or even to find new friends around the world. All of this can be done at any time or from any place. 〈高認 H.28-1〉

① study ② communication ③ traveling ④ shopping

◆選択肢がすべて名詞のＡパターンです。本文中にある for example や however などが解答の際のヒントとなることもあります。

9. Jet lag is a sleep-related problem that affects people who travel long distances across several time zones. When you travel from Japan to the UK, where there is a nine-hour time difference, you may have jet lag for a few days. You are likely to be sleepy during the day or ⬚ in the middle of the night. 〈高認 H. 30-1〉

① awake ② healthy ③ famous ④ negative

◆選択肢がすべて形容詞のＡパターンです。本文の話題がわかれば、自分の知識や常識が内容の理解に役立つことがあります。

10. Curry and rice is one of the most popular dishes in Japan. It is quick and easy to make. First, cut up some meat and vegetables. Next, fry them in a pan, add water, and let the mixture boil for several minutes. ⬚, add some curry roux, stir, and serve with rice! 〈高認 H. 28-2〉

① Finally ② Accidentally ③ Luckily ④ Clearly

◆選択肢がすべて副詞のＡパターンです。身近な話題であれば、内容に沿って状況や場面をイメージするようにしましょう。

解答・解説

問1：③

◆ 1文目では「りんごはありふれた果物ですので、りんごに言及した表現がたくさんあります」と述べられています。これを受けて、2文目と3文目には "the apple of your eye" や "An apple a day keeps the doctor away" というりんごにふれた具体的な表現やことわざの説明が続きます。1文目と2文目以降の関係を考えてみると、〈イコールの関係〉である、より詳しくは〈抽象と具体の関係〉であることがわかります。したがって、正解は③ For example となります。

◇the apple of one's eye：～が最も大事にしている人［物］

refer to A：Aに言及する、Aを表す

An apple a day keeps the doctor away.：1日1個のりんごで医者いらず

suggest（that）文：～ということを示唆する、暗示する

りんごはありふれた果物ですので、りんごに言及した表現がたくさんあります。たとえば、"the apple of your eye" は、あなたが最も愛している人物を表します。また、毎日りんごを1個食べることは健康に良いことを示唆する "An apple a day keeps the doctor away" ということわざもあります。

① そのうえ　　② その代わりに　　③ たとえば　　④ 要するに

問2：①

◆ 従位接続詞を含む文の構造は、ふつう〈接続詞＋文 , 文〉あるいは〈文 , 接続詞＋文〉となります。このパターンの問題は、空所を含む一文の意味を正確にとらえられれば正しい選択肢を選ぶことができます。5文目の前半では「すでに50個以上のマグカップを集めました」、後半では「さらにもっとたくさんほしいです」と述べられています。前半（A）と後半（B）の関係を考えてみると、「AではあるがB」もしくは「AだけれどもB」という関係であることがわかります。したがって、正解は① Although となります。

◇even：（比較級を強めて）さらに、ずっと

物を集めることはポピュラーな趣味です。多くの人はコイン、切手あるいはキャラクターグッズを取っておきますが、私はコーヒーマグカップを収集することが好きです。非常にさまざまなサイズや色、形、デザインがありますのでおもしろいです。すでに50個以上のマグカップを集めましたけれども、さらにもっとたくさんほしいです。

① ～だけれども　② ～するどこにでも　③ ～する前に　④ ～であろうとなかろうと

問3：①

◆ 1文目は「グラストンベリー・フェスティバルは世界で最も有名な野外音楽イベントのひとつです」とあり、音楽イベントの話題が導入されています。これを受けて、2文目以降ではこの音楽イベントの詳細が続きます。3文目には「グラストンベリー・フェスティバルは1970年にわずか1,500人（の規模）ではじまりました」とあり、4文目には「このフェスティバルはどんどん成長し、今や175,000人以上の人々を集めています」とあります。3文目と4文目の関係を考えてみると、〈逆説の関係〉であることがわかります。したがって、正解は① However となります。

◇be held：催される、行われる

grow and grow：どんどん成長する

> グラストンベリー・フェスティバルは世界で最も有名な野外音楽イベントのひとつです。この催し物はイギリスでほとんど毎夏開催されていて、そこではさまざまな種類の音楽やその他のパフォーマンスを楽しむことができます。グラストンベリー・フェスティバルは1970年にわずか1,500人（の規模）ではじまりました。しかしながら、このフェスティバルはどんどん成長し、今や175,000人以上の人々を集めています。
> ① しかしながら　　② さもなければ　　③ そのうえ　　④ その代わりに

問4：④

◆ 1文目は「私はオフィスではフォードさんの隣に座っています」とあり、同僚の話題が導入されています。これを受けて、2文目には「フォードさんは非常にきちんとした人で、すべてのものが整然とした状態にあるのが好きです」とあり、フォードさんの人物像が述べられています。4文目からは話題はフォードさんから「私」に移り、「私はきちんとした性格の人ではありません」とあります。2文目と4文目の関係を考えてみると、〈対照の関係〉であることがわかります。したがって、正解は④ In contrast となります。

◇like everything to be in order：すべてのものが整然とした状態にあるのを好む

be in order：順番となって、整然とした

in alphabetical order：アルファベット順に

keep A X：AをX（の状態）に保つ

piles of A：Aの山

> 私はオフィスではフォードさんの隣に座っています。フォードさんは非常にきちんとした人で、すべてのものが整然とした状態にあるのが好きです。たとえば、彼女は常にファイルをアルファベット順に並べ、自分の机をきれいにしておきます。対照的に、私はきちんとした性格の人ではありません。（たとえば）私は自分の机にある紙の山のなかから書類を見つけるのに時間がかかってしまいます。
> ① 要するに　　② それに加えて　　③ 言い換えると　　④ 対照的に

問5：④

◆ 1文目は「霧はドライバーに対して問題を引き起こすことがあります」とあり、これを受けて2文目以降ではこの問題についての詳細が述べられています。4文目の文意を考えてみると、何のためにスピードを落とすのかというと事故を「避ける」ためだとわかります。したがって、正解は④ avoid となります。

◇cause A for B：BにAを引き起こす、もたらす

ability to do：〜する能力

in the distance：遠くに［の］

the road ahead：前方の道

slow down：速度を落とす

> 霧はドライバーに対して問題を引き起こすことがあります。霧はドライバーが遠くのものを見る能力を制限してしまいます。霧のなかを運転している間は、ドライバーにとって前方の道路にいる人やほかの車が見えにくいことがよくあります。（そのため）ドライバーは事故を避けるために速度を落とさなければなりません。
> ① 引き起こす 　　② 報告する 　　③ 経験する 　　④ 避ける

問6：①

◆ 1文目は「新しい生徒会長は、集会で全生徒に向かって長いスピーチをしました」とあり、これを受けて2文目以降ではこのスピーチについての内容が述べられています。2文目の文意を考えてみると、どのような立場で未来に目を向けて変化の必要性について話すのかというと「リーダー」としてだとわかります。したがって、正解は① leader となります。

◇the president of the student council：生徒会長

look to the future：未来に目を向ける

need for change：変化［変革］の必要性

> 新しい生徒会長は、集会で全生徒に向かって長いスピーチをしました。リーダーとして、彼女は未来に目を向けて、変化の必要性について話しました。また、彼女は学校生活を皆にとってもっと好ましく快いものとするための計画を説明しました。
> ① リーダー 　　② 労働者 　　③ 聴き手 　　④ 製作者

問7：③

◆1文目は「スピーチをするときは、リラックスしようとする必要があります」とあり、これを受けて2文目以降ではスピーチをする際のアドバイスが述べられています。3文目の文意を考えてみると、マイクに向かって話すのではなく何に向かって話すのかというと「聴衆」に向かってだとわかります。したがって、正解は③ audience となります。

◇in a friendly way：好意的に

speak into a microphone：マイクに向かって話す

so（that）文：～するために、～するように

> スピーチをするときは、リラックスしようとする必要があります。壇上では好意的に聴き手を見てください。ただマイクに向かって話すのではなく聴衆に向かって話すのです。すべての人があなたの言うことを理解できるように、やさしいことばと表現を用いるのがよいでしょう。
> ① 所有者　　　② ボランティア　　　③ 聴衆　　　④ 自然

問8：②

◆2文目の冒頭に「たとえば」とありますので、2文目では1文目の内容の具体例が述べられるはずです。2文目では「たとえば、企業では連絡をとり続けるために電子メールを用いていますし、オンライン上で会議をすることすらあります」と述べられています。この具体例をふまえて1文目の文意を考えてみると、インターネットがどのようなことに便利なツールなのかというと「コミュニケーション」だとわかります。したがって、正解は② communication となります。

◇stay in contact (with A)：（Aと）連絡をとり続ける

have a meeting：会議を開催する

at any time：いつでも

from any place：どこからでも

> インターネットはコミュニケーションに便利なツールです。たとえば、企業では連絡をとり続けるために電子メールを用いていますし、オンライン上で会議をすることすらあります。人々はインターネットを使って家族や友達とよく話していますし、あるいは世界中に新しい友達を見つけることさえしています。このようなことのすべてがいつでもどこからでも行うことができるのです。
> ① 研究　　　② コミュニケーション　　　③ 旅行　　　④ ショッピング

216

問9：①

◆1文目は「時差ぼけは、いくつかの時間帯を超えて長い距離を移動する人に影響を与える、眠りに関連した問題です」とあり、時差ぼけの話題が導入されています。これを受けて2文目以降では時差ぼけについての具体的な説明が続きます。3文目の文意を考えてみると、時差ぼけの症状として昼間に眠くなる可能性と夜中にどのようになる可能性があるかというと眠れなくなる可能性だとわかります。したがって、正解は① awake となります。

◇jet lag：時差ぼけ　※ have jet lag：時差ぼけになる

sleep-related：眠りに関連した

travel a long distance：長い距離を移動する

time zone：時間帯（同一標準時を用いる地帯）

time difference：時差

be likely to do：～する可能性が高い、～しそうである

during the day：日中、昼間に

in the middle of the night：夜中に

> 時差ぼけは、いくつかの時間帯を超えて長い距離を移動する人に影響を与える、眠りに関連した問題です。日本から9時間の時差があるイギリスに移動すれば、数日間は時差ぼけになるかもしれません。昼間に眠くなったり、あるいは夜中に眠れなくなったりすることでしょう。
> ① 目が覚めて　　② 健康な　　③ 有名な　　④ 消極的な

問10：①

◆1文目は「カレーライスは日本で最も人気のある料理のうちのひとつです」とあり、カレーライスの話題が導入されています。2文目の手早く簡単に作ることができるという内容を受けて、3文目以降では「最初に」「次に」と順序だてて作り方の説明が続きます。5文目の文意を考えてみると、カレーライスの仕上げつまり調理の最後の工程であることがわかります。したがって、正解は① Finally となります。

◇quick and easy to make：手早く簡単に作れる

cut A up [up A]：Aを切り刻む、切り分ける

let A boil：Aを煮立たせる

> カレーライスは日本で最も人気にある料理のうちのひとつです。カレーライスは手早く簡単に作ることができます。最初に、お肉と野菜を切り分けます。次に、お肉と野菜を鍋で炒めて、お水を加えて、混ぜ合わせたものを数分間煮立たせます。最後に、カレールーを加えて、かき混ぜて、ライスとともに出します！
> ① 最後に　　② 偶然にも　　③ 幸運にも　　④ 明らかに

217

次の 11 から 15 の各英文の □□□ 内に入れるのに最も適当なものを、それぞれ①〜④のうちから一つずつ選びなさい。

11. The British Museum in London is very large and impressive. It has thousands of objects on display in more than 60 gallery rooms, and you cannot possibly see everything in one day. Therefore, it is a □□□ to plan your visit before you go, so you can see the things you want to see most. 〈高認 H. 30-2〉

① sad fact　　　② common error　③ good idea　　④ big change

12. According to the survey that I did about my classmates, more than 70% like to listen to music while studying. They say that they can feel relaxed and study better. However, the rest of them □□□. They feel that it is hard for them to focus on their studies, especially when they listen to the words of the songs. 〈高認 H. 30-1〉

① report　　　② disagree　　③ stop　　　④ develop

13. If you want to be a good speaker of English, take advantage of every chance to speak English. Don't be shy and don't be afraid of making mistakes. The most important thing is not to speak English perfectly □□□ to make yourself understood and enjoy communicating with others. 〈高認 H. 29-2〉

① then　　　② or　　　③ but　　　④ so

14. On a trip to England, Aki found a fried tomato on her plate as part of her breakfast. She liked tomatoes in salad, but it was the first time for her to eat a cooked tomato. She also saw some people put beans on toast, which she had never seen before. It was surprising for her to see people eat tomatoes and beans in such □□□ ways.

〈高認 H. 29-2〉

① quick　　　② different　　③ official　　④ expensive

15. Eating breakfast has several benefits. It gives us energy to start the day, and we can concentrate better when our brains get enough glucose from the food we eat. ☐, some experts say that we can avoid overeating, because by eating breakfast we want to eat less throughout the day. 〈高認 H. 27-2〉

① Also   ② By chance   ③ As usual   ④ However

解答・解説

問 11：③

◆ 1 文目は「ロンドンの大英博物館は非常に広く堂々たるものです」とあり、大英博物館の話題が導入されています。これを受けて、2 文目では「大英博物館には 60 以上の展示室に何千という展示品があり、とても 1 日ではすべてのものを見ることはできません」と述べられています。3 文目の冒頭に「したがって」とありますので、2 文目の内容と 3 文目の内容は〈原因・結果の関係〉になっているはずです。これをふまえて 3 文目の文意を考えてみると、（すべてを見ることはできないから）事前に計画を立てることが賢明だとわかります。したがって、正解は③ good idea となります。

◇thousands of A：何千という A

objects on display：展示品

cannot possibly do：とても〜できない ［〜のはずはない］

> ロンドンの大英博物館は非常に広く堂々たるものです。大英博物館には 60 以上の展示室に何千という展示品があり、とても 1 日ではすべてのものを見ることはできません。したがって、一番見たいものが見られるように行く前に見物の計画を立てるのは良い考えです。
> 　① 悲しい事実　　　② よくある間違い　　　③ 良い考え　　　④ 大きな変化

問 12：②

◆ 1 文目は「私がクラスメイトについて行った調査によれば、70％以上のクラスメイトが勉強中に好んで音楽を聴いています」とあり、いわゆる「ながら勉強」の話題が導入されています。これを受けて、2 文目では「彼らは気持ちが落ち着いて勉強がはかどると言っています」と述べられています。3 文目の冒頭に「しかしながら」とありますので、2 文目の内容と 3 文目の内容は〈逆説の関係〉になっているはずです。これをふまえて 3 文目の文意を考えてみると、クラスメイトの残りの人たちは勉強がはかどるなどとは感じていないのだとわかります。したがって、正解は② disagree となります。

◇do a survey：調査をする　　　like to do：好んで〜する

feel relaxed：気持ちが落ち着く　　　can study better：勉強がはかどる

the rest of A：残りの A　　　focus on A：A に集中する

> 私がクラスメイトについて行った調査によれば、70％以上のクラスメイトが勉強中に好んで音楽を聴いています。彼らは気持ちが落ち着いて勉強がはかどると言っています。しかしながら、残りのクラスメイトは意見が異なります。彼らは、とくに歌詞を聴いているときには、勉強に集中することが難しいと感じています。
> 　① 報告する　　　② 意見が異なる　　　③ 止まる　　　④ 発達する

問 13：③

◆ 3 文目にある not と選択肢にある but から〈not A but B〉（A ではなく B）という慣用表現を思い出すことができれば、たとえこの一文の文意が正確にはわからなくても、空所には but が入ることがわかります。したがって、正解は③ but となります。なお、この〈not A but B〉の A と B の部分が not to do but to do というように同じ構造になっていることもヒントとなります。

◇take advantage of A：A を利用する

be afraid of doing：～することを恐れる、心配する

make a mistake：間違う、間違いをする

make oneself understood：自分の考えを人にわからせる、自分の意思を伝える

もし英語を話すのがうまくなりたいのであれば、英語を話すあらゆる機会を利用してください。恥ずかしがってはいけませんし、間違うことを恐れてはいけません。最も大事なことは、英語を完璧に話すことではなく、自分の意思を伝えることと他者と意思の疎通をするのを楽しむことです。
  ① それで　　　② あるいは　　　③ しかし　　　④ それで

問 14：②

◆ 1 文目は「イギリス旅行の際に、アキは朝食の一部としてお皿の上に焼かれたトマトがあることに気が付きました」とあり、イギリスでの朝食の話題が導入されています。これを受けて、2 文目と 3 文目では、調理されたトマトを食べるのは初めてで、またトーストに豆を乗せているのもそれまで目にしたことがなかったと述べられています。この内容をふまえて 4 文目の文意を考えてみると、アキが何に驚いたのかといえば、イギリスではトマトや豆を「異なる」方法で食していたことだとわかります。したがって、正解は② different となります。

◇on a trip to A：A への旅行の際に

fried tomato：焼きトマト（フル・イングリッシュ・ブレックファストを構成する定番の一品）

it is the first time（for A）to do：（A にとって）～するのは初めてのことだ

in a different way：異なる方法で

イギリス旅行の際に、アキは朝食の一部としてお皿の上に焼かれたトマトがあることに気が付きました。サラダのトマトは好きでしたが、アキにとって調理されたトマトを口にするのは初めてのことでした。また、彼女はなかにはトーストに豆を乗せている人がいるのを目撃しましたが、これもそれまで一度も見たことがありませんでした。そのような異なる方法で人々がトマトや豆を食べているのを目にすることは、アキにとって驚くべきことでした。
  ① 素早い　　　② 異なる　　　③ 公式の　　　④ 高価な

問 15：①

◆ 1 文目は「朝食を食べることにはいくつかの利点があります」とあり、朝食の
利点という話題が導入されています。これを受けて、2 文目には「朝食は私た
ちに一日をはじめる活力を与えてくれますし、脳が食べた物から十分な量のブ
ドウ糖を得られるときには、私たちはより集中することができます」とあり、
3 文目には「朝食を食べることによって、一日を通して、（朝食を食べない場
合と比べて）食べる量を減らしたくなるので食べ過ぎを防ぐことができると述
べる専門家もいます」とあります。2 文目と 3 文目の関係を考えてみると、ど
ちらも朝食の利点ですので〈追加の関係〉であることがわかります。したがっ
て、正解は① Also となります。

◇start the day：一日をはじめる　　　get A from B：B から A を得る

朝食を食べることにはいくつかの利点があります。朝食は私たちに一日をはじめる活力を
与えてくれますし、脳が食べた物から十分な量のブドウ糖を得られるときには、私たちは
より集中することができます。また、朝食を食べることによって、一日を通して、（朝食
を食べない場合と比べて）食べる量を減らしたくなるので食べ過ぎを防ぐことができると
述べる専門家もいます。

　①また　　　②偶然に　　　③いつものように　　　④しかしながら

🖋 補足：ディスコースマーカー（談話標識）

大問5によく登場する however, for example, in addition などの語句は、**ディスコースマーカー（談話標識）** と呼ばれます。もっとやわらかいことばでは、「つなぎことば」とも呼ばれます。これらは、文章展開の方向性を指し示す目印で、いってみれば**文章上の交通標識**のようなものです。主に文と文との間に用いられるこの目印に着目すると、文章の展開を把握しやすくなりますので、意味とはたらきをぜひ覚えておきましょう。

【「逆説」「対照」を表すディスコースマーカー】〈A ⇔ B の関係〉

however：しかしながら

by [in] contrast：対照的に

on the other hand：他方では

but：しかし

※〈A⇔B〉において、Aはディスコースマーカーの前にある文を、Bはその後にある文を指す。

【「例示」「換言」「要約」を表すディスコースマーカー】〈A ＝ B の関係〉

for example：たとえば

in other words：言い換えると

that is (to say)：言い換えると

in short：要するに

【「因果」を表すディスコースマーカー】〈A → B の関係〉

as a result：その結果

so：だから

therefore：したがって

this is why：こういうわけで

※〈A→B〉において、Aは「原因」を、Bは「結果」を表す。

【「追加」を表すディスコースマーカー】〈A ＋ B の関係〉

in addition：それに加えて

besides：それに加えて

moreover：そのうえ

furthermore：そのうえ

also：また

大問6（長文読解①）

大問6は、グラフや表とそれらに関連する長文を読んで、内容についての設問に答える問題です。グラフや表の読み取りにはすこし慣れが必要ですが、グラフや表は長文の内容とリンクしていますので、内容を把握するうえでのヒントにもなります。

Hop｜解答のコツ！

大問6の長文読解問題（グラフ・表付き）は次のような形式で出題されます。

 次のグラフ、表および英文を読み、1から3の質問の答えとして最も適当なものを、それぞれ①〜④のうちから一つずつ選びなさい。〈高認 H. 29-1〉

What skill students found most difficult

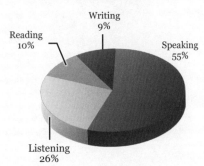

- Writing 9%
- Reading 10%
- Speaking 55%
- Listening 26%

Activities and numbers of participants

Month	Week	Interview Competition	English Speaking Society
April	3rd Week	28	13
	4th Week	52	21
May	1st Week	No activity	No activity
	2nd Week	78	32
	3rd Week	90	38
	4th Week	105	44

At the beginning of the 2016 school year, English teachers at Hoshiyama High School started a new program for students who were having difficulties in English. To begin with, English teachers carried out a survey to find out what problems they had.（以下略）

1　According to the graph and the table, which of the following is true?（選択肢省略）

2　According to the passage, which of the following is true?（選択肢省略）

3　According to the passage, which of the following is true?（選択肢省略）

設問文の訳

問1　グラフと表によると、次の選択肢のうちのどれが正しいですか？

問2　この文章によると、次の選択肢のうちのどれが正しいですか？

問3　この文章によると、次の選択肢のうちのどれが正しいですか？

🔍 大問 6（長文読解問題　グラフ・表付き）の解答のコツ！

> 解答のコツ①：設問文から**解答の根拠がある範囲を限定する**。
>
> 解答のコツ②：**選択肢の主語をキーワード**に本文から根拠を探す。
>
> 解答のコツ③：**確実に誤答だと考えられる選択肢を消去していく**。
>
> ※大問6は2問目と3問目の選択肢の主語のみをざっと先読みしてから本文を読む。

🔍 ① 設問文から解答の根拠がある範囲を限定する

- 設問文に **the graph [chart]**（グラフ）/ **the pie chart**（円グラフ）/ **the table**（表）とある
  - → **グラフ・円グラフ・表**に解答の根拠がある
- 設問文に **the passage**（文章）とある
  - → **本文中**に解答の根拠がある

　通例、大問6の1問目はグラフや表の内容に関する設問で、2問目と3問目は本文の内容に関する設問となっています。1問目については、解答の根拠はグラフや表にありますので、本文を読まずとも解くことができます。ただ、グラフや表そのものの内容がわからない場合、本文を読み進めるとグラフや表の理解につながることがあります。

🔍 ② 選択肢の主語をキーワードに本文から根拠を探す

　設問文が **According to the passage** ではじまる場合は、表やグラフがヒントになり得ることもありますが、**本文中に解答の根拠があります**。選択肢の内容と本文の内容を照らし合わせるときには、**それぞれの選択肢の主語をキーワードとして本文中から根拠を探しましょう**。

　例題の問2の選択肢を例にとると、下線部が主語です。

① The English skills survey was given to the first year students.
② The teachers wanted students to read more books through the new program.
③ Thanks to the new program, the teachers improved their own English skills.
④ English Exploration was created for students to use English outside of classes.

🔍 ③ 確実に誤答だと考えられる選択肢を消去していく

　選択肢の内容と本文の内容を照らし合わせる際には、どちらかというと**確実に誤りだという選択肢を判別する**つもりで行ってください。仮に選択肢をひとつに絞り込むことができなくても、確実に誤答だと考えられる選択肢を消去できれば、最終的に勘に頼ることになっても正答率が高くなるからです。

 **Step │ 基礎問題**

次のグラフ、表および英文を読み、1から3の質問の答えとして最も適当なものを、それぞれ①～
④のうちから一つずつ選びなさい。〈高認 H. 29-1〉

What skill students found most difficult

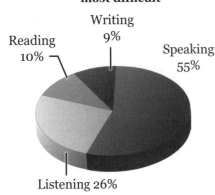

Writing 9%
Reading 10%
Speaking 55%
Listening 26%

Activities and numbers of participants

Month	Week	Interview Competition	English Speaking Society
April	3rd Week	28	13
	4th Week	52	21
May	1st Week	No activity	No activity
	2nd Week	78	32
	3rd Week	90	38
	4th Week	105	44

At the beginning of the 2016 school year, English teachers at Hoshiyama High School started a new program for students who were having difficulties in English. To begin with, English teachers carried out a survey to find out what problems they had.

The teachers asked two hundred students in the second year what they thought the most difficult English skill was: listening, reading, speaking or writing. The results clearly showed that more than half of the students found speaking was the most difficult. Listening came next, and reading followed. Because students seemed to have problems with oral communication skills, the teachers decided to start a new extracurricular program called "English Exploration." The new program was designed to give students more chances to communicate with others in English. It also offered a chance for students to win prizes by using English outside of regular classes.

The English Exploration program included two activities. One was an interview competition, and the other was an English Speaking Society (ESS) club after school. For the interview competition, students had to ask English teachers questions in English during break times, lunch time, and after school. Every time they asked a question, they got a stamp on their score sheets. Students were also able to take part in ESS club meetings, which were held twice a week after school on Mondays and Thursdays. When students attended an ESS club meeting, they got three stamps. Students submitted their score sheets each Friday, and the student who received the most stamps that week got a prize the following Monday. As the teachers had hoped, the number of students who took part in the activities and submitted their score sheets increased each week.

1. According to the graph and the table, which of the following is true?

① None of the students answered that writing was the most difficult.

② More than half of the students thought listening was the most difficult.

③ The interview competition was more popular than the ESS club meetings.

④ The number of participants in ESS club meetings decreased from April to May.

> ◆ According to the graph and the table とありますので、解答の根拠はグラフと表にあるはずです。選択肢にある数や量、比較、増減といった英語の表現に着目しましょう。なお、according to A（Aによると）と which of the following is true?（次の選択肢のうちのどれが正しいですか？）は、大問6における決まり文句です。

2. According to the passage, which of the following is true?

① The English skills survey was given to the first year students.

② The teachers wanted students to read more books through the new program.

③ Thanks to the new program, the teachers improved their own English skills.

④ English Exploration was created for students to use English outside of classes.

> ◆ According to the passage とありますので、解答の根拠は本文中にあるはずです。それぞれの選択肢の主語を本文から根拠を探す際の目印としましょう。誤答の選択肢はたいていの場合、本文中の内容との食い違いがある、あるいは本文中に言及がないという理由で誤りだと判断できます。

3. According to the passage, which of the following is true?

① An interview competition was part of the English Exploration program.

② Students got three stamps when they asked an English question.

③ ESS club meetings were held four times a week after school.

④ Students submitted their score sheets each Monday.

> ◆ According to the passage とありますので、解答の根拠は本文中にあるはずです。本文中には言及がないと確信できない場合は、選択肢の数字に△を付けて保留にして、ほかの選択肢の検討に移りましょう。確実に誤りだと判断できる選択肢を消去していくのがポイントです。

🔑 解答・解説

問1：③

◆設問文は「グラフと表によると、次の選択肢のうちのどれが正しいですか？」とありますので、解答の根拠はグラフと表から探します。①「生徒のうち誰一人としてライティングが最も難しいと答えなかった」とありますが、円グラフから生徒のうちの9％がライティングが最も難しいと答えたことがわかりますから、①は不正解です。②「半数以上の生徒がリスニングが最も難しいと考えていた」とありますが、円グラフからリスニングが最も難しいと答えたのは生徒のうちの26％であることがわかりますから、②は不正解です。③「インタビューコンペはESSクラブの集まりよりももっと人気があった」とあります。表のInterview CompetitionとEnglish Speaking Societyの列の参加者数（numbers of participants）を比較すると、Interview Competitionの人数のほうがより多いので、③が正解です。④「ESSクラブの集まりの参加者数は4月から5月にかけて減少した」とありますが、表のEnglish Speaking Societyの列の参加者数は4月から5月にかけて増加しているため、④は不正解です。

問2：④

◆設問文は「この文章によると、次の選択肢のうちのどれが正しいですか？」とありますので、解答の根拠は本文中から探します。①「英語の技能についての調査は1年生の生徒たちを対象に行われた」とありますが、2段落1文目にThe teachers asked two hundred students in the second year what they thought the most difficult English skill was（教師たちは2年生の生徒200人に最も難しい英語の技能は何だと思うかと質問しました）とあるため、①は不正解です。②「教師たちは生徒たちに新しいプログラムを通してもっとたくさんの本を読んでほしかった」とありますが、本文には読書についての言及がないことから、②は不正解です。③「新しいプログラムによって、教師たちは自分自身の英語の技能を向上させた」とありますが、本文から新しいプログラムの対象は教師ではなく生徒であることがわかるため、③は不正解です。④「『英語探究』は生徒たちが授業時間以外に英語を使うためにつくられた」とあります。2段落5文目と6文目にあるThe new program was designed to give students more chances to communicate with others in English. It also offered a chance for students to win prizes by using English outside of regular classes.（その新しいプログラムは生徒たちに英語で他者と意思の疎通をするより多くの機会を与えることを意図していました。また、通常授業以外に英語を使うことによって生徒が賞を受ける機会も提供されました）

と内容が合致するので、④が正解です。

問3：①

　◆設問文は「この文章によると、次の選択肢のうちのどれが正しいですか？」とありますので、解答の根拠は本文中から探します。①「インタビューコンペは『英語探究』プログラムの一部であった」とあります。3段落1文目と2文目にある The English Exploration program included two activities. One was an interview competition, and the other was an English Speaking Society (ESS) club after school.（「英語探究」プログラムには2つの活動が含まれていました。ひとつはインタビューコンペで、もうひとつは放課後の ESS クラブです）と内容が合致するので、①が正解です。②「生徒は英語の質問をするとスタンプを3つもらえた」とありますが、3段落4文目に Every time they asked a question, they got a stamp on their score sheets.（ひとつ質問をするたびに、生徒はスコアシートにひとつスタンプを押してもらえました）とあるため、あるいは3段落6文目に When students attended an ESS club meeting, they got three stamps.（ESS クラブの集まりに出席するとスタンプを3つもらえました）とあるため②は不正解です。③「ESS クラブの集まりは放課後に週4回開催された」とありますが、3段落5文目に Students were also able to take part in ESS club meetings, which were held twice a week after school on Mondays and Thursdays.（また、月曜日と木曜日の放課後に週2回開催される ESS クラブの集まりにも参加することができました）とあるため、③は不正解です。④「生徒は毎週月曜日に自分のスコアシートを提出した」とありますが、3段落7文目に Students submitted their score sheets each Friday, and the student who received the most stamps that week got a prize the following Monday.（生徒は毎週金曜日に自分のスコアシートを提出し、その週に最も多くのスタンプをもらった生徒が翌週の月曜日に表彰されました）とあるため、④は不正解です。

全　訳

　2016年の学年度のはじめに、ホシヤマ高校の英語教師は英語に苦労している生徒向けの新しいプログラムをはじめました。最初に、英語教師たちはこのような生徒たちがどんな問題を抱えているのかを調べるためにある調査を実施しました。

　教師たちは2年生の生徒200人にリスニング・リーディング・スピーキング・ライティングのなかで最も難しい英語の技能は何だと思うかと質問しました。その半数以上の生徒がスピーキングが最も難しいと思っていることを、その結果ははっきり示していました。この次に多いのがリスニングで、これにリーディングが続きます。生徒たちはオーラル・コミュニケーションに関す

る技能に問題を抱えているように思われるので、教師たちは「英語探究」と呼ばれる新たな課外プログラムをはじめることを決めたのです。その新しいプログラムは生徒たちに英語で他者と意思の疎通をするより多くの機会を与えることを意図していました。また、通常授業以外に英語を使うことによって生徒が賞を受ける機会も提供されました。

　「英語探究」プログラムには２つの活動が含まれていました。ひとつはインタビューコンペで、もうひとつは放課後の ESS クラブです。インタビューコンペについては、生徒は休み時間やお昼休みや放課後に英語の先生に英語で質問をしなければなりませんでした。ひとつ質問をするたびに、生徒はスコアシートにひとつスタンプを押してもらえました。また、月曜日と木曜日の放課後に週２回開催される ESS クラブの集まりにも参加することができました。ESS クラブの集まりに出席するとスタンプを３つもらえました。生徒は毎週金曜日に自分のスコアシートを提出し、その週に最も多くのスタンプをもらった生徒が翌週の月曜日に表彰されました。教師たちが期待していたとおり、こうした活動に参加してスコアシートを提出する生徒の数は週ごとに増えていったのでした。

【第1段落】

school year：学年度　　have difficulty in A：Aに苦労する　　to begin with：最初に、はじめに

carry out a survey：調査を実施する　　find out A：Aを調べる、見つけ出す、探り出す

【第2段落】

show that 文：～ということを示している

seem to do：～であるように見える、～であるように思われる、～らしい

have a problem with A：Aのことで問題を抱えている

oral communication：オーラル・コミュニケーション（口頭による意思疎通）

【第3段落】

one ～ the other …：（２つあるうちの）ひとつは～、もうひとつは…

competition：競争、コンペ　　English Speaking Society (club)：英会話クラブ

break time：休み時間　　score sheet：スコアシート　　take part in A：Aに参加する

twice a week：週に２度　　the number of A：Aの数

【設問】

none of A：Aの（うちの）０人　　※「人」などの単位は、Aに何が入るかによって変わる。

a survey is given to A：調査がAを対象に行われる

thanks to A：Aのおかげで

A is part of B：AはBの一部である、一員である

次の表と英文を読み、4から6の質問の答えとして最も適当なものを、それぞれ①～④のうちから一つずつ選びなさい。〈高認 H. 29-2〉

Things that cause or might cause cancer

Group	Description	Examples
Group 1	Things that cause cancer in humans	Smoking, processed meat (bacon and sausage), exposure to the sun, alcohol
Group 2A	Things that probably cause cancer in humans	Steroids, red meat
Group 2B	Things that possibly cause cancer in humans	Coffee, gasoline, pickles

(https://www.vox.com/2015/10/26/9617928/iarc-cancer-risk-carcinogenic より作成)

The World Health Organization (WHO) is part of the United Nations. It works to improve health all over the world. The WHO does everything it can to fight diseases such as HIV/AIDS, but it also tries to help people to lead healthier lifestyles. The WHO gives advice on exercising and healthy eating, for example. People around the world use this advice to try to live healthier lives.

The International Agency for Research on Cancer (IARC) belongs to the WHO. There are many types of cancer and also many causes of cancer. The IARC looks at research into the causes of cancer in order to give advice to people. This is difficult job, however, because some things clearly cause cancer and some things only *might* cause cancer. The IARC's job is to make lists of these things. The table above shows only three of the five groups in the full list. Group 1 contains things that cause cancer in humans. Group 2A contains things that probably cause cancer in humans. The IARC is able to say this because the things in Group 2A are known to cause cancer in animals, and therefore, they also probably cause cancer in humans. Group 2B contains things that possibly cause cancer in humans, because these things sometimes cause cancer in animals.

It may not be necessary to avoid everything on the list. The list shows things that have a link to cancer, or things that might have a link to cancer. It does not tell us if the risk is big or small. It is well known, for example, that smoking is dangerous and is connected to lung cancer as well as other types of cancer. If you smoke, your chances of getting cancer are much higher. We cannot say that sunshine and bacon are equal to smoking in their level of danger, but the IARC says that we should be careful with the things on the list to reduce our risk of getting cancer.

4. According to the table, which of the following is true?

    ① Steroids and alcohol belong to the same group.

    ② Group 1 contains things that cause cancer in people.

    ③ Pickles are not in the same group as coffee.

    ④ Group 2A does not include any food items.

5. According to the passage, which of the following is true?

    ① The IARC, specializing in cancer, is part of the WHO.

    ② The IARC cancer-causing list has a total of four groups.

    ③ The IARC encourages people to have their pets tested.

    ④ The IARC's job is to raise money for animal research.

6. According to the passage, which of the following is true?

    ① People generally do not like to cook dishes using bacon.

    ② The IARC does not tell us to avoid everything on the list.

    ③ We should immediately stop eating bacon and sausage.

    ④ We should eat whatever foods we like every day.

解答・解説

問 4 : ②

◆設問文は「表によると、次の選択肢のうちのどれが正しいですか?」とありますので、解答の根拠は表から探します。①「ステロイドとアルコールは同じグループに属している」とありますが、表の Examples(例)の列を見るとステロイドは「グループ2A」に、アルコールは「グループ1」に属しているため、①は不正解です。②「『グループ1』には人々にがんを引き起こすものが含まれている」とあります。表の「グループ1」の Description(説明)を見ると Things that cause cancer in humans(ヒトにがんを引き起こすもの)という記述があるので、②が正解です。③「ピクルスはコーヒーと同じグループに入っていない」とありますが、表の Examples の列を見るとコーヒーもピクルスも同じ「グループ2B」の例として挙げられているため、③は不正解です。④「『グループ2A』には食品はひとつも含まれていない」とありますが、表の「グループ2A」の Examples を見ると red meat(赤身肉)が含まれているため、④は不正解です。

問 5 : ①

◆設問文は「この文章によると、次の選択肢のうちのどれが正しいですか?」とありますので、解答の根拠は本文中から探します。①「がんを専門に研究する IARC は WHO の一部である」とあります。2段落1文目にある The International Agency for Research on Cancer(IARC)belongs to the WHO.(IARC は WHO に属しています)と内容が合致するので、①が正解です。②「IARC の発がん性のあるもののリストには計4つのグループがある」とありますが、2段落6文目に The table above shows only three of the five groups in the full list.(上の表は全リストの5つのグループのうち3つのグループのみを示しています)とあるため、②は不正解です。③「IARC は人々にペットを検査してもらうよう奨励している」とありますが、本文にはペットについての言及がないことから、③は不正解です。④「IARC の仕事は動物研究のための資金を調達することだ」とありますが、2段落5文目に The IARC's job is to make lists of these things.(IARC の仕事は、こうしたものについてのリストを作成することです)とあるため、④は不正解です。

問6：②

　◆設問文は「この文章によると、次の選択肢のうちのどれが正しいですか？」とありますので、解答の根拠は本文中から探します。①「一般的に、人々はベーコンを使った料理を作ることは好きではない」とありますが、本文にはベーコンを使った料理についての言及はないことから、①は不正解です。②「IARCはリスト上のすべてのものを避けるようにとは言っていない」とあります。3段落1文目に It may not be necessary to avoid everything on the list.（リスト上のすべてのものを避ける必要はないかもしれません）とあり、また3段落6文目の後半に the IARC says that we should be careful with the things on the list to reduce our risk of getting cancer.（IARC はがんになるリスクを低減するためにリスト上にあるものには注意すべきだと述べています）とあることから、IARC がリスト上のすべてのものを避けるよう推奨しているわけではないことがわかりますので、②が正解です。③「私たちは直ちにベーコンやソーセージを食べることをやめるべきだ」とありますが、先に引用した3段落6文目の後半部分から、IARC はそこまでは求めていないことがわかるため、③は不正解です。④「私たちは何でも好きな食べ物を毎日食べるべきだ」とありますが、先に引用した3段落6文目の後半部分にあるように、IARC はリスト上にあるものには注意すべきだと述べているため、④は不正解です。

全　訳

　世界保健機関（WHO）は国際連合の一部です。この機関は世界中の健康を増進するために尽力しています。WHO は HIV あるいは AIDS のような病気を撲滅するためにできることはすべて行っていますが、人々がより健康的な生活を送る手助けをしようと努めてもいます。たとえば、WHO は運動や健康的な食事に関する助言を行っています。世界中の人々が、より健康的な生活を送ろうとして、この助言を利用しているのです。

　国際がん研究機関（IARC）は WHO に属しています。がんには多くの種類があり、がんの原因もまた数多くあります。IARC は人々に助言を行うためにがんの原因についての研究を考察しています。しかしながら、これは困難な作業です。明確にがんの原因となるものもあれば、もしかするとがんの原因となるかもしれないというだけのものもあるからです。IARC の仕事は、こうしたものについてのリストを作成することです。上の表は全リストの5つのグループのうち3つのグループのみを示しています。「グループ1」にはヒトにがんを引き起こすものが含まれています。「グループ2Ａ」にはおそらくヒトにがんを引き起こすものが含まれています。IARC がこのように述べることができるのは、「グループ2Ａ」にあるものは動物にがんを引き起こすと知られており、それゆえにおそらくヒトにもがんを引き起こすからです。「グループ2Ｂ」には、動物にがん

を引き起こすことがあるのでヒトにもがんを引き起こす可能性があるものが含まれています。

　リスト上のすべてのものを避ける必要はないかもしれません。このリストはがんとの関連性があるもの、あるいはがんとの関連性がもしかするとあるかもしれないものを示していますが、このリストは私たちにがんのリスクが高いのか低いのかどうかは教えてはくれません。たとえば、喫煙が危険であり、ほかの種類のがんだけでなく肺がんと関連があることはよく知られています。たばこを吸えば、がんになる可能性はずっと高くなります。危険度という点において日光やベーコンが喫煙と同等だとは言うことはできませんが、IARC はがんになるリスクを低減するためにリスト上にあるものには注意すべきだと述べています。

【第1段落】

improve health：健康を増進する　lead a healthy lifestyle：健康的な生活を送る

live a healthy life：健康的な生活を送る

【第2段落】

belong to A：Aに属している、Aの一員である

look at A：Aを考察する、検討する　research into A：Aについての研究

some 〜 some …：〜もあれば、…もある　the table above：上の表

be known to do：〜すると知られている

【第3段落】

have a link to A：Aとの関連性がある、かかわりがある　if 文：〜かどうか

A as well as B：Bだけでなく A　much：（比較級を強めて）ずっと、はるかに

get cancer：がんになる　be equal to A：Aに等しい、Aと同等である

be careful with A：Aに注意する

【設問】

be in the same group as A：Aと同じグループにいる

specialize in A：Aを専門とする、Aを専門に研究する

cancer-causing：発がん性の（ある）

encourage A to do：Aに〜するよう奨励する、促す

have A done：Aを〜してもらう　※ done ＝過去分詞

raise money：資金を調達する　whatever foods we like：好きな食べ物は何でも

Lesson 7 大問7（長文読解②）

大問7は、物語文を読んで、登場人物の行動や登場人物に起きた出来事などについての設問に答える問題です。物語文は、登場人物を把握して、段落ごとにストーリーの展開をとらえながら読みましょう。最後の大問になりますので、時間配分にも気を付けたいところです。

Hop 解答のコツ！

大問7の長文読解問題（物語文）は次のような形式で出題されます。

7 次の英文を読み、1から4の _____ 内に入れるのに最も適当なものを、①〜④のうちから一つずつ選びなさい。〈高認 H. 29-1〉

　Akari didn't hate junior high school, but she didn't really like it either. She was surrounded by friends, liked her homeroom, and of course, she loved being in the badminton club. The biggest problem was that she never seemed to do very well on tests, especially English and math, so she never felt that she was a good student. She didn't have any subject that she liked best or that she was really good at.（以下略）

1. When Akari was in junior high school, she did not _____
   ① have any friends.
   ② have a favorite subject.
   ③ enjoy her homeroom.
   ④ join any club.

2. In high school, Akari _____ （選択肢省略）

3. Akari found a job _____ （選択肢省略）

4. Although she had never imagined it, Akari _____ （選択肢省略）

設問文の訳

問1　アカリが中学生のとき、彼女は _____ なかった。

問2　高校では、アカリは _____ 。

問3　アカリは _____ 仕事を見つけた。

問4　そのようなことは一度も想像したことがなかったけれども、アカリは _____ 。

🔍 大問７（長文読解問題　物語文）の解答のコツ！

解答のコツ①：本文よりも**設問文のみを先読み**する。

解答のコツ②：**５Ｗ１Ｈを意識**しながらストーリーの展開を追う。

解答のコツ③：正答の選択肢は**本文の表現を言い換えている**。

🔍 ① 本文よりも設問文のみを先読みする

　設問文を先読みするメリットは２点あります。第一には、どのようなことを問われるのかをあらかじめ知ることができる点です。第二には、**設問は基本的にストーリー展開に沿った順番になっている**ことから、**本文の展開をある程度予測できる**点です。

　先読みの際に、**設問文中の固有名詞やキーワードとなりそうな語句に線を引いておく**とよいでしょう。例題の設問文であれば、以下のような部分に線を引きます。

1.　When Akari was in junior high school, she did not 　　　　

2.　In high school, Akari 　　　　

3.　Akari found a job 　　　　

4.　Although she had never imagined it, Akari 　　　　

🔍 ② ５Ｗ１Ｈを意識しながらストーリーの展開を追う

　物語文については、**Who**（誰が）／**When**（いつ）／**Where**（どこで）／**What**（何を）／**Why**（なぜ）／**How**（どのように）を意識しながら、本文を読みましょう。こうすることによって、ストーリーの展開を追いやすくなるだけでなく、設問を解く際に解答の根拠を探しやすくなります。

　５Ｗ１Ｈすべてを意識しながら読むことができるのであれば、そのほうが望ましいのですが、まずは **Who ／ When ／ Where** の３Ｗを意識して読むことです。具体的には、「誰」が物語に登場するのかを把握し、それぞれの段落では「いつ」の事柄が述べられているのか、また「どこ」における事柄が述べられているかを確認しながら、本文を読んでいくとよいでしょう。

🔍 ③ 正答の選択肢は本文の表現を言い換えている

　選択肢の内容と本文の内容を照らし合わせる際に気を付けてほしいのは、基本的に**正解となる選択肢は本文の表現を言い換えた表現になっている**ということです。選択肢に本文とまったく同じ表現が使われるとは限りませんので、本文の表現を言い換えていないかという視点で本文と選択肢の照合をしてください。

　なお、大問７においても**消去法は有効な手段**です。誤答の主な理由は、本文の内容と一部異なっていること、あるいはそもそも本文に言及がないことにあります。

 **Step** | **基礎問題**

次の英文を読み、1から4の ▢ 内に入れるのに最も適当なものを、それぞれ①〜④のうちから一つずつ選びなさい。〈高認 H. 29-1〉

Akari didn't hate junior high school, but she didn't really like it either. She was surrounded by friends, liked her homeroom, and of course, she loved being in the badminton club. The biggest problem was that she never seemed to do very well on tests, especially English and math, so she never felt that she was a good student. She didn't have any subject that she liked best or that she was really good at.

In high school, things were much the same. Akari made lots of friends, joined the tennis club, and had fun at the school festival and other events. Her classes were OK, and she studied for tests and handed in all of her homework, but she usually only managed to get low scores on her report cards. She struggled with all her subjects, and she continued to have a difficult time in English and math classes. She also couldn't imagine needing them in the future. Nobody she knew spoke English well, and neither her parents nor anyone she knew really used English or math in their jobs. In the second year, she had to decide what she wanted to do in the future. She couldn't think of any work that she wanted to do, but she also didn't want to go to university without a clear goal, so she decided to work after graduation.

As Akari liked fashion, her teacher suggested she get a job in a clothing store. Akari wasn't really excited about working in a store, but she thought it might be good to try. She searched for and found a clothing store chain that was looking for staff. She applied, was interviewed, and then got the job!

After graduation, Akari started working and was surprised at how much she liked her job. It was fun serving customers, creating displays, and even taking clothing out of boxes and putting it on shelves. Akari got along well with her coworkers. They all worked hard, but they still had time to enjoy laughing and joking together. Akari wanted to get better at her job and someday be a store manager, so she decided to work for a few years and then go to university to study management. However, one day, her manager told her that the clothing company would soon be opening a new store in Singapore and he wanted her to help set it up. Six months later, she was living in Singapore! The new store set-up went very well. Akari was surprised at herself. She was good at her job, she was really enjoying her career, and she was using English and math every single day!

1. When Akari was in <u>junior high school</u>, she did not [＿＿＿＿]

    ① have any friends.

    ② have a favorite subject.

    ③ enjoy her homeroom.

    ④ join any club.

    ◆設問文の下線部がキーワードです。アカリの中学時代のことが書かれている箇所に解答の根拠があるはずです。正答の選択肢は、基本的に本文の表現を言い換えていることも念頭に置いてください。

2. In <u>high school</u>, Akari [＿＿＿＿]

    ① began to work part time at a supermarket.

    ② did not take any math or English classes.

    ③ thought that her school festival was not very interesting.

    ④ did not think she would need English and math in the future.

    ◆設問文の下線部がキーワードです。アカリの高校時代のことが書かれている箇所に解答の根拠があるはずです。確実に誤りだと考えられる選択肢は消去していきましょう。

3. Akari found <u>a job</u> [＿＿＿＿]

    ① at a university.

    ② as an English teacher.

    ③ as a store manager.

    ④ at a clothing store.

    ◆設問文の下線部がキーワードです。アカリはどのような仕事を見つけたのでしょうか？アカリが仕事を見つけたときのことが書かれている箇所に解答の根拠があるはずです。

4. Although she had <u>never imagined it</u>, Akari [＿＿＿＿]

    ① won a fashion contest.

    ② opened her own store.

    ③ worked in a foreign country.

    ④ started to teach math.

    ◆設問文の下線部がキーワードです。設問文の前半部では「一度も想像したことがなかったけれども」とありますから、空所にはアカリにとってかつては思いもよらなかった内容が入るはずです。

🔑 解答・解説

問1：②

◆設問文は「アカリが中学生のとき、彼女は ［　　　　　］ なかった」とありますから、アカリの中学時代のことが書かれている箇所つまり第1段落に解答の根拠があるはずです。①「一人も友達がいなかった」とありますが、1段落2文目に She was surrounded by friends（アカリは友達に囲まれていました）とあるため、①は不正解です。②「大好きな教科がなかった」とあります。1段落4文目にある She didn't have any subject that she liked best or that she was really good at.（アカリには一番好きな教科も本当に得意な教科もありませんでした）と内容が合致するので、②が正解です。なお、本文の any subject that she liked best or that she was really good at という表現が、この選択肢では a favorite subject という表現に言い換えられています。③「ホームルームの時間を楽しんでいなかった」とありますが、1段落2文目に She was surrounded by friends, liked her homeroom（アカリは友達に囲まれていましたし、ホームルームの時間が好きでした）とあるため、③は不正解です。④「どのクラブにも入部しなかった」とありますが、1段落2文目に she loved being in the badminton club.（アカリはバドミントンクラブに所属していることも大好きでした）とあるため、④は不正解です。

問2：④

◆設問文は「高校では、アカリは ［　　　　　］」とありますから、アカリの高校時代のことが書かれている箇所つまり第2段落に解答の根拠があるはずです。①「スーパーマーケットでパートタイムで働きはじめた」とありますが、本文にはスーパーマーケットでのアルバイトについての言及がないことから、①は不正解です。②「数学の授業も英語の授業もまったく受けていなかった」とありますが、2段落4文目に she continued to have a difficult time in English and math classes.（アカリは英語と数学の授業では苦しい思いをし続けていました）とあるため、②は不正解です。③「学園祭はあまりおもしろくないと思っていた」とありますが、2段落2文目に Akari made lots of friends, joined the tennis club, and had fun at the school festival and other events.（アカリにはたくさんの友達ができましたし、テニスクラブに入り、また文化祭やその他の行事では楽しい時間を過ごしました）とあるため、③は不正解です。④「この先に英語や数学が必要になるとは思っていなかった」とあります。2段落5文目にある She also couldn't imagine needing them in the future.（アカリにはこの先に英語と数学が必要になるとは想像もできませんでした）と内容が合致するので、④が正解です。なお、本文の couldn't imagine needing them という表現が、この選択肢では did not think she would need English and math という表現に言い換えられています。

問3：④

◆設問文は「アカリは _____ 仕事を見つけた」とありますから、アカリが仕事を見つけたときのことが書かれている箇所つまり第3段落に解答の根拠があるはずです。選択肢は、①「大学での」、②「英語の先生としての」、③「店長としての」、④「衣料品店での」とあります。3段落3文目と4文目にある She searched for and found a clothing store chain that was looking for staff. She applied, was interviewed, and then got the job!（スタッフを募集している衣料品店のチェーンを探して見つけ、アカリはその仕事に応募して、面接を受けて、そして就職したのです！）から、アカリが見つけたのは衣料品店での仕事だとわかりますので、正解は④となります。

問4：③

◆設問文は「そのようなことは一度も想像したことがなかったけれども、アカリは _____ 」とあります。ここまで問1は第1段落、問2は第2段落、問3は第3段落に解答の根拠がありましたので、問4はおそらく第4段落に解答の根拠があると推測できます。第4段落では、アカリが就職してからのことが語られています。アカリは衣料品店での仕事が思いのほか好きで、もっと仕事ができるようになって店長になりたいという目標を見つけます。しかし、そんなある日に海外の新店舗の立ち上げに携わる機会を得て、半年後にはシンガポールにいたのでした。選択肢は①「ファッションコンテストで優勝した」、②「自分自身のお店を開いた」、③「外国で働いた」、④「数学を教えはじめた」とあります。4段落6文目と7文目にある her manager told her that the clothing company would soon be opening a new store in Singapore and he wanted her to help set it up. Six months later, she was living in Singapore!（我が社ではシンガポールで新店舗をまもなくオープンすることになっているので、その店の立ち上げをアカリに手伝ってほしいと、店長がアカリに言ってきたのです。6か月後、アカリはシンガポールに住んでいました！）から、アカリは外国であるシンガポールで働いたのだとわかりますので、正解は③となります。

全　訳

　アカリは中学校をひどく嫌ってはいませんでしたが、あまり好きでもありませんでした。アカリは友達に囲まれていましたし、ホームルームの時間が好きでしたし、もちろんバドミントンクラブに所属していることも大好きでした。最大の問題は、とくに英語や数学といったテストであまり良い成績がとれたことがないらしいということで、それでアカリは自分が良い生徒だとは一度も感じたことがなかったのです。アカリには一番好きな教科も本当に得意な教科もありませんでした。

　高校でも状況はほとんど変わりませんでした。アカリにはたくさんの友達ができましたし、テニスクラブに入り、また文化祭やその他の行事では楽しい時間を過ごしました。授業は問題ありませんでしたし、テストの勉強もしましたし、宿題もすべて提出していましたが、たいてい通知表では低い成績をとるのもやっとのことでした。アカリはすべての教科で苦闘していて、英語と数学の授業では苦しい思いをし続けていました。また、アカリにはこの先に英語と数学が必要になるとは想像もできませんでした。知人に英語を上手に話す人はいませんでしたし、アカリの両親も知人も誰一人として英語か数学を実際に仕事で使っている人はいなかったのです。2 年生のときに、アカリは将来自分が何をしたいのかを決めなければなりませんでした。アカリは自分がしたいと思う仕事を何も思いつきませんでしたが、明確な目標もなしに大学に進学したいとも思わなかったので、高校卒業後は働くことに決めました。

　アカリがファッションが好きであったことから、アカリの先生はアカリに衣料品店の仕事に就いてはどうかと提案しました。アカリはお店で働くことにはあまり乗り気ではなかったものの、お店で働いてみるのも良いかもしれないと考えました。スタッフを募集している衣料品店のチェーンを探して見つけ、アカリはその仕事に応募して、面接を受けて、そして就職したのです！

　高校卒業後、アカリは働きはじめて、自分がこの仕事がどれほど好きなのかということを知って驚きました。接客するのもディスプレイを考案するのも楽しいですし、衣服を箱から取り出したり棚に置いたりすることさえ楽しいのです。アカリは同僚ともうまくやっていました。同僚たちは皆、一生懸命に働いてはいましたが、それでもいっしょに笑ったり冗談を言ったりして楽しむ時間もありました。アカリはもっと仕事ができるようになって、いつか店長になりたいと思ったので、数年間働いてから経営を勉強するために大学に進学することを決めました。しかしながら、ある日のこと、我が社ではシンガポールで新店舗をまもなくオープンすることになっているので、その店の立ち上げをアカリに手伝ってほしいと、店長がアカリに言ってきたのです。6 か月後、アカリはシンガポールに住んでいました！　新店舗の立ち上げは非常にうまくいきました。アカリは自分自身に驚きました。アカリは仕事がよくできて、自分の仕事を本当に楽しんでいて、そして一日たりとも欠かさずに英語と数学を使っていたのです！

【第1段落】

either：〜もまた（…ない）　not really 〜：あまり〜ない

be surrounded by A：A に囲まれている　the problem is that 文：問題は〜ということだ

not 〜 very：あまり〜ない　do well：成功する、(成績などが) 良い

【第2段落】

things：状況、事態　be much the same：ほぼ同じである

have fun at A：Aで楽しむ、楽しい時間を過ごす　school festival：学園祭

only manage to do：〜するのがやっとだ　※ manage to do：どうにか〜する

report card：通知表　struggle with A：Aと戦う、苦闘する、奮闘する

continue to do：〜し続ける　have a difficult time：苦労する、ひどい目にあう

think of A：Aを思いつく、考えつく

【第3段落】

suggest that 文：〜してはどうかと提案する　get a job：就職する　search for A：Aを探す

【第4段落】

how much she liked her job：自分の仕事がどれほど好きかということ

it is fun doing：〜することは楽しい　serve customers：接客する、客の応対をする

get along with A：Aと仲良くやっている、うまくやっている　get good at A：Aがうまくなる

store manager：店長　will be doing：〜することになっている、〜する予定だ

set A up [up A]：Aをはじめる、立ち上げる　go well：うまくいく

every single day：毎日毎日、一日も欠かさず

【設問】

take a class：授業を受ける　win a contest：コンテストで優勝する

次の英文を読み、5から8の ▭ 内に入れるのに最も適当なものを、それぞれ①～④のうちから一つずつ選びなさい。〈高認 H. 28-1〉

Jennifer lived in a small town by the sea. She was good at drawing and often went to the beach to draw pictures. She had an uncle, George, who knew a lot about art and often took her to art museums. He loved Jennifer and treated her like his own daughter.

George was both warm and strict. He often encouraged and helped Jennifer, but he sometimes scolded her for inappropriate behavior. When she got interested in playing the guitar, for example, he was willing to pay for her guitar lessons as long as she practiced regularly. He always said to her, "If you really want to try something, go for it. I'll try to help in any way I can."

When Jennifer turned 18, she had to make a decision about her future. She wanted to become an artist and planned to go to art school after she graduated from high school. However, her parents were against the idea. They knew that making a successful career with art was very difficult, even with talent. They said, "You are good at math and sciences, too. How about studying biology, or chemistry, or engineering? There are lots of good jobs in those fields." She understood they were thinking seriously about her future, but she still did not want to accept their advice.

She thought about art and sciences and her future for a long time, and finally she made up her mind not to give up on her dream. When she was completing an application for an art scholarship about a week before Christmas, a Christmas card arrived in the post. It was from George. She opened it and read the message from him. It said, "Jennifer, even if there are several paths in front of you, believe in yourself and follow the path you choose. However hard it is to walk along that path, go for it! Then, you will definitely find happiness. Remember I'll always be there for you." Jennifer smiled, and then turned over the card. On the front was a picture of Santa Claus smiling at her.

5. Jennifer and her uncle often ☐

    ① cleaned the beach together.

    ② drew pictures at home.

    ③ enjoyed swimming in the sea.

    ④ visited art museums together.

6. When Jennifer behaved badly, her uncle ☐

    ① scolded her.

    ② encouraged her.

    ③ played the guitar.

    ④ left her alone.

7. After high school, Jennifer wanted ☐

    ① to study biology.

    ② to study art.

    ③ to be a math teacher.

    ④ to be an engineer.

8. George's advice for Jennifer on the Christmas card was ☐

    ① to wait a little longer to choose.

    ② to follow her parents' advice.

    ③ to believe in her own decision.

    ④ to avoid choosing difficult paths.

解答・解説

問5：④

◆設問文は「ジェニファーと彼女の叔父はよく [____]」とありますから、ジェニファーと叔父のジョージのことが書かれている箇所つまり第1段落か第2段落に解答の根拠があるはずです。選択肢は、①「いっしょに浜辺を掃除した」、②「家で絵を描いた」、③「海で泳ぐのを楽しんだ」、④「いっしょに美術館を訪れた」とあります。1段落3文目にある She had an uncle, George, who knew a lot about art and often took her to art museums.（彼女には、美術についてよく知っており、たびたび美術館に連れて行ってくれるジョージという叔父がいました）から、ジェニファーとジョージはいっしょに美術館によく行ったのだとわかりますので、正解は④となります。なお、本文の（George）took her to art museums という表現が、この選択肢では visited art museums together という表現に言い換えられています。

問6：①

◆設問文は「ジェニファーの行儀が悪かったとき、彼女の叔父は [____]」とありますから、ジェニファーと叔父のジョージのことが書かれている箇所つまり第1段落か第2段落に解答の根拠があるはずです。選択肢は、①「ジェニファーを叱った」、②「ジェニファーを励ました」、③「ギターを弾いた」、④「ジェニファーを一人にした」とあります。2段落2文目にある He often encouraged and helped Jennifer, but he sometimes scolded her for inappropriate behavior.（ジョージはよくジェニファーを励ましたり手助けをしたりしましたが、ときに不適切なふるまいを理由にジェニファーを叱ることもありました）から、ジェニファーが何か良くないことをしたときにはジョージは叱ったのだとわかりますので、正解は①となります。

問7：②

◆設問文は「高校卒業後、ジェニファーは [____] たかった」とありますから、ジェニファーの高校卒業後の考えが書かれている箇所つまり第3段落に解答の根拠があるはずです。選択肢は、①「生物学を勉強し」、②「美術を勉強し」、③「数学の先生になり」、④「エンジニアになり」とあります。3段落2文目にある She wanted to become an artist and planned to go to art school after she graduated from high school.（ジェニファーは芸術家になりたいと思い、高校を卒業した後に美術学校に通う計画を立てていました）から、ジェニファーは美術を学びたかったのだとわかりますので、正解は②となります。なお、本文の planned to go to art school という表現が、この選択肢では（wanted）to study art という表現に言い換えられています。

問8：③

　　◆設問文は「クリスマスカードにあったジョージのジェニファーに対する助言というのは、□□□□というものであった」とありますから、クリスマスカードのことが書かれている箇所つまり第4段落に解答の根拠があるはずです。選択肢は①「もうすこし待ってから選択する」、②「両親の助言に従う」、③「自分自身の決断を信じる」、④「困難な道を選ぶのを避ける」とあります。4段落5文目にある Jennifer, even if there are several paths in front of you, believe in yourself and follow the path you choose.（ジェニファー、たとえあなたの前にいくつかの道があったとしても、自分を信じて自分が選んだ道を行きなさい）から、ジョージはジェニファーに自分の選んだ道を信じて歩むよう助言したことがわかりますので、正解は③となります。なお、本文の believe in yourself and follow the path you choose という表現が、この選択肢では believe in her own decision という表現に言い換えられています。

全　訳

　ジェニファーは海辺の小さな町に住んでいました。ジェニファーは絵を描くのがうまく、絵を描くためによく浜辺に行きました。彼女には、美術についてよく知っており、たびたび美術館に連れて行ってくれるジョージという叔父がいました。彼はジェニファーのことを愛していて、ジェニファーを自分の娘のように扱っていました。

　ジョージは思いやりがあると同時に厳しくもありました。ジョージはよくジェニファーを励ましたり手助けをしたりしましたが、ときに不適切なふるまいを理由にジェニファーを叱ることもありました。たとえば、ジェニファーがギターを弾くことに興味をもつと、ジョージはギターのレッスン代を支払うことをいといませんでしたが、それはジェニファーが定期的にギターの練習をする限りのことでした。ジョージはいつもジェニファーにこう言っていました、「あなたがあることを本当にやってみたいと思うのであれば、やってみなさい。私にできる限りの方法で力になれるよう努めるから」と。

　ジェニファーが18歳になったとき、自分の将来について決断をしなければなりませんでした。ジェニファーは芸術家になりたいと思い、高校を卒業した後に美術学校に通う計画を立てていました。しかしながら、ジェニファーの両親はその考えに反対でした。彼女の両親は、才能があっても、美術でもって立派に身を立てるのは非常に難しいことだと知っていたのです。彼らは「数学と理系科目もよくできるのだから、生物学か化学か工学を勉強してみるのはどう？　こういった分野には良い仕事がたくさんあるよ」と言いました。ジェニファーは両親が将来のことについて真剣に考えてくれていることは理解していましたが、それでも両親の助言を受け入れたくあり

ませんでした。

　ジェニファーは美術と理系科目と自分の将来について長らく考え、最終的に自分の夢をあきらめないという決心をしました。クリスマスの一週間ほど前、ジェニファーが美術奨学金の申請書を書き上げようとしていたとき、一通のクリスマスカードがポストに届きました。そのクリスマスカードはジョージからでした。ジェニファーはクリスマスカードを開封して、ジョージからのメッセージを読みました。クリスマスカードにはこう書いてありました、「ジェニファー、たとえあなたの前にいくつかの道があったとしても、自分を信じて自分が選んだ道を行きなさい。その道を歩むのがどんなに大変であっても、がんばりなさい！　そうすれば、必ずや幸せを見つけることでしょう。私はいつでもあなたの力になることを覚えていてくださいね」と。ジェニファーはにっこりと笑って、クリスマスカードを裏返しました。表の面にはジェニファーにほほ笑みかけるサンタクロースの写真がありました。

【第1段落】

draw a picture：絵を描く　know a lot about A：Aについてよく知っている、詳しい

take A to B：AをBに連れていく　art museum：美術館　treat A like B：AをBのように扱う

【第2段落】

scold A for B：AをBの理由で叱る　be willing to do：〜するのをいとわない

pay for A：Aの代金を支払う　as long as 文：〜である限りは、〜でありさえすれば

go for it：（思い切って）やってみる、がんばる

in any way I can：私にできる限りの方法で、何とかして

【第3段落】

turn 18：18歳になる　plan to do：〜する計画を立てる　art school：美術学校

be against A：Aに反対だ　※ be for A：Aに賛成だ

make a career：身を立てる　sciences：理系科目

【第4段落】

for a long time：長い間　make up one's mind to do：〜することを決心する

give up on one's dream：自分の夢をあきらめる　application for A：Aの申請書、申込書

art scholarship：美術奨学金　a week before A：Aの一週間前　follow a path：道を行く

however hard it is to walk along that path：その道を歩むのがどんなに難しくとも

be there for A：Aの力になる、Aの助けとなる

turn A over [over A]：Aをひっくり返す、裏返す

【設問】

behave badly：行儀が悪い　leave A alone：Aを一人にする、放っておく

wait a little longer to choose：もうすこし待ってから選ぶ

follow one's advice：〜の助言に従う

高卒認定ワークブック　新課程対応版
英語

2023 年　8 月 18 日　初版　　第 1 刷発行

編　集：J-出版編集部
制　作：J-Web School
著　者：黒須 祐貴
発　行：J-出版
　　　　〒112-0002 東京都文京区小石川 2-3-4 第一川田ビル　TEL 03-5800-0552
　　　　J-出版.Net　http://www.j-publish.net/
